ARYE SHARUZ SHALICAR
JURI VINOGRAD

TAGEBUCH AUS CHERSON

Vom Leben und Überleben im Krieg in der Ukraine.
Nach wahren Begebenheiten.

40 Briefe eines Vaters an seine Tochter

Bibliografische Information der Deutschen Nationalbibliothek
Die Deutsche Nationalbibliothek verzeichnet diese Publikation in der Deutschen Nationalbibliografie. Detaillierte bibliografische Daten sind im Internet über http://dnb.d-nb.de abrufbar.

Für Fragen und Anregungen
info@finanzbuchverlag.de

1. Auflage 2023

Türkenstraße 89
80799 München
Tel.: 089 651285-0
Fax: 089 652096

Redaktion: Friederike Thompson
Korrektorat: Dr. Manuela Kahle
Umschlaggestaltung: Karina Braun
Umschlagabbildung: Shutterstock.com/Drop of Light, Oleg Kopyov
Satz: Zerosoft, Timisoara
Druck: Dieses Buch wurde im Print on Demand Verfahren gedruckt.
Printed in Germany

ISBN Print 978-3-95972-721-1
ISBN E-Book (PDF) 978-3-98609-398-3
ISBN E-Book (EPUB, Mobi) 978-3-98609-399-0

Weitere Informationen zum Verlag finden Sie unter

www.finanzbuchverlag.de

Beachten Sie auch unsere weiteren Verlage unter www.m-vg.de

INHALT

Vorwort 5
24. Februar 2022: Krieg! 11
25. Februar 2022: Das Heulen der Hunde 13
27. Februar 2022: Alle Mann auf nach Nadnjepranskoyi! 15
2. März 2022: Massaker im Lila-Park 17
3. März 2022: Ausgangssperre 19
4. März 2022: Das letzte Stück Brot? 21
6. März 2022: Die 3 Bs: Banken, Bankautomaten und Bargeld 23
8. März 2022: Ihor Viktorovych Kolykhaiev, unser Held 26
9. März 2022: Die Blau-Gelbe-Bewegung 28
10. März 2022: Kadyrows Männer sind da 30
12. März 2022: Fabrika in Flammen 34
15. März 2022: Platz der Freiheit schreit nach Freiheit 37
18. März 2022: Ukrainer? Russe? Was bist du? 40
21. März 2022: Vowas Umzug nach Deutschland 42
26. März 2022: Selpo zu, was nun? 45
2. April 2022: Mit der Marschrutka zum zentralen Marktplatz 47
12. April 2022: Keine Verbindung unter dieser Nummer 51
15. April 2022: Mit der Tüte über dem Kopf abgeführt 54
17. April 2022: Im Visier des KGB 56
22. April 2022: Fast blind 58
27. April 2022: Der Anschluss 60
4. Mai 2022: Neuer Alltag in Schumenskyi 63

6. Mai 2022: Mehr Schein als Sein in Deutschland 65
7. Mai 2022: Tusofka im Alexander Schanz 69
10. Mai 2022: Kein gutes Timing für Brustkrebs 74
20. Mai 2022: Fahrstühle sind treu wie Hunde! 78
1. Juni 2022: Rettungstropfen aus dem gelobten Land 84
22. Juni 2022: Alles Propaganda? Alles Propaganda! 87
28. Juni 2022: Ihor Viktorovych Kolykhaiev, unsere Trauer! 91
5. Juli 2022: Checkpoints 94
14. Juli 2022: In der Synagoge 100
17. Juli 2022: Schule Nummer 54 105
19. Juli 2022: Freiheit in Gefangenschaft 110
30. Juli 2022: Ptitschka, der kleine rote Spatz 113
1. August 2022: Eine Stadt im Koma 116
12. August 2022: Hinter den Gittern verdorren die Rosen 120
24. August 2022: Unabhängigkeitstag ohne Unabhängigkeit 125
1. Oktober 2022: Wieder Krieg? 131
8. Oktober 2022: Zum Geburtstag Pilmeni aus Gold 135
1. November 2022: BTR-80 gegen Vystrel 140
3. November 2022: Kalter Tee und keine Toilette 143
5. November 2022: Schüsse auf das Karabelesh-Krankenhaus 146
6. November 2022: Warum schweigt Gott wieder? 149
7. November 2022: 73 Jahre für die Katz 151
8. November 2022: Auf der Flucht 153
15. November 2022: Endlich in Sicherheit 155
24. Februar 2023: Was hilft das Überleben, wenn deine Seele stirbt? 157
Anmerkungen 160

VORWORT

Plötzlich war er da. Juri Vinograd.[1]

Mein Schwiegervater.

Schwiegervater und Flüchtling.

Es war der Morgen des 15. November 2022.

Was in jenen Momenten in mir vorging, als ich Juri am Flughafen Ben Gurion zu Gesicht bekam, kann ich nur schwer in Worte fassen. Eine Achterbahn der Gefühle. Es war einer dieser seltenen Momente im Leben, an denen ich tiefe Trauer, Wut und großes Glück zugleich fühlte.

Juri hat den Krieg in der Ukraine überlebt.

Was ist wichtiger als das Leben?

Das Überleben!

Mir fielen so viele Steine vom Herzen, dass er es raus geschafft hatte, aus Cherson, mein Schwiegervater. Raus aus Cherson, einer der wenigen Städte im Süden der Ukraine, gegenüber der im Jahr 2014 von den Russen eroberten Krim liegend, die sich seit dem 24. Februar 2022 in einer Art Ausnahme- beziehungsweise Kriegszustand befindet.

Cherson: Ein Ort, an dem über viele Monate hinweg russische und tschetschenische Kämpfer das Sagen hatten, bis sich ukrainische Einheiten im Herbst 2022 wieder vorwagten, mit dem entschlossenen Ziel, die Stadt von den russischen Besatzern zurückzuerobern. Die Zeit zurückzudrehen.

Eine Stadt, die vielleicht wie keine andere für diesen unnötigen und tragischen Krieg in der Ukraine steht.

Juri weigerte sich bis zum letzten Moment, seinen Geburtsort, an dem er 73 Jahre lang gelebt hatte, zu verlassen. Cherson war der Ort an dem er 1949, kurz nach Ende des Zweiten Weltkrieges, als Sohn von Holocaust-Überlebenden zur Welt kam, in den 1950er- und 1960er-Jahren in die Schule ging, daraufhin Schiffbau studierte und mehrere Jahrzehnte als Schiffbauingenieur arbeitete. Ebenfalls in der Stadt Cherson lernte er seine ehemalige Frau Rita, eine Betriebswirtin, die auch Tochter von Holocaust-Überlebenden war, kennen. Gemeinsam schenkten sie ihren Kindern Vowa und Anna das Leben, bevor sie sich langsam auseinanderlebten und scheiden ließen. Rita zog mit der 13-jährigen Anna nach Deutschland und Juri führte sein Leben mit Vowa in Cherson weiter.

Juri weigerte sich bis zum letzten Moment, diesen Ort zu verlassen. Wahrscheinlich fragte er sich, was das Leben wert ist, wenn man gezwungen ist, seine Heimat zu verlassen und fast alles, was man sich im Laufe des Lebens erarbeitet hat, hinter sich zu lassen. Wenn man die eigene Wohnung verlassen muss mit dem Gefühl, sie wahrscheinlich nie wieder betreten zu können. Seinen hinterbliebenen Nachbarn, Freunden und Bekannten den Rücken zu kehren ohne sich zu verabschieden und die Nachbarschaft, die Stadt, das Land, ohne sich zu verabschieden ihrem ungewissen Schicksal zu überlassen.

Doch Juri lebte und war in Sicherheit.

Doch besonders glücklich schien er nicht zu sein. Sein Schmerz stand ihm ins Gesicht geschrieben. Es schmerzte ihn, dass er gegangen war. Dass er den einzigen Ort auf der Welt, wo er sich heimisch fühlte, verlassen hatte. Verlassen musste.

Um zu Überleben.

So absurd es klingen mag, vielleicht schmerzte ihn sogar sein Überleben, während andere es nicht rausgeschafft haben. Andere, die ihm am Herzen liegen.

So stand er da, in der Wartehalle des Ben-Gurion-Flughafens, mit nur einem kleinen Rucksack auf dem Rücken. Sein Blick war leer. Seine Augen müde. Monate der Angst, der Sorge, der Ungewissheit, der Hoffnungslosigkeit hatte er hinter sich gelassen. Tage der Flucht hatte er überstanden. Und das mit 73 Jahren.

Alles um ihn herum war in Bewegung. Hunderte Touristen und Einheimische, die in der Wartehalle durcheinanderliefen, laut aufeinanderprallten oder aneinander vorbei hasteten. Manch einer wurde sogar mit großen roten Luftballons abgeholt.

Niemand nahm Juri wahr. Warum auch, schließlich wusste niemand außer mir, dass er sich vor wenigen Tagen auf ein kleines Boot begeben hatte, um die Flucht aus seiner Heimat anzutreten. Um mit 73 ein neues Leben in einer neuen Heimat, weit weg von seiner geliebten Heimat, zu beginnen.

Dort, weit weg von seiner geliebten Heimat Cherson, lebt seit nunmehr 13 Jahren seine Tochter Anna, die gleichzeitig meine Ehefrau ist.

Vom Krieg in der Ukraine, in Cherson, habe ich täglich erfahren, nicht nur über die Nachrichten und Twitter gelesen, sondern in erster Linie über das fast tägliche Gespräch zwischen einem Vater in Not und seiner besorgten Tochter gelernt.

Man könnte sagen, ich war über Umwege vor Ort, als Cherson von den Russen eingenommen wurde, man kein Bargeld mehr ziehen konnte, langsam aber sicher die Medikamente ausgingen und man weit und breit keinen offenen Supermarkt mehr besuchen konnte. Davon erzähle ich im ersten Teil des vorliegenden von Vater Juri (Name geändert) an Tochter Anna (Name geändert) adressierten Tagebuchs.

Ich war auch irgendwie dabei, als dann ein gewisser neuer – russischer – Alltag begann, mit der Öffnung russischer Supermärkte und Verbreitung russischer Zeitungen. Um diesen neuen Chersoner Alltag geht es im zweiten Teil des Tagebuchs.

Im dritten und letzten Teil dieses von wahren Begebenheiten inspirierten Tagebuchs stellt sich die Realität in Cherson ein wiederholtes Mal auf den Kopf, und zwar vom Zeitpunkt an, als ukrainische Truppen immer weiter Richtung Cherson vordringen und schließlich in der ersten Novemberwoche 2022 die Stadt zurückerobern, während Juri Vinograd genau zwischen der russischen und ukrainischen Frontlinie, auf dem Fluss Dnipro, auf einem kleinen Boot sitzt und Cherson verlässt.

Es ist ein Tagebuch, das anhand des »Gesprächs« zwischen Juri und Anna Einblicke in das Leben und Überleben im Krieg gewährt: Eine für viele Europäer, die das Glück hatten, erst nach dem Zweiten Weltkrieg auf der Welt sein zu dürfen, schwer vorstellbare Realität.

TEIL I

24. FEBRUAR 2022
KRIEG!

Dorogaya Annatschka,[2]

ich schreibe dir diesen Brief, weil ich nicht weiß, was in den kommenden Tagen auf Cherson und auf mich zukommen wird.

Dein Geburtsort Cherson wird seit einigen Stunden vom russischen Militär angegriffen. Überall hört man Explosionen. Ludmila von nebenan hat mir sogar erzählt, dass sie mit ihren eigenen Augen gesehen hat, wie russische Militärfahrzeuge die Antonovskyi-Brücke überqueren.

Alles schreit danach, dass Russlands Staatschef Vladimir Putin es ernst meint. Heute früh hatte er angekündigt, eine »spezielle Militäroperation« in der Ukraine durchführen zu müssen, um das Land zu »entnazifizieren«.

Das kann der Anfang vom Ende sein. Denn wenn die Russen erst einmal Truppen schicken, mit der absurden Begründung, die russische Minderheit in der Ukraine vor einer »ethnischen Säuberung« zu bewahren, dann wird wohl niemand außer Putin selbst wissen, was das finale Ziel dieser Operation sein soll und wie viele Menschenleben er bereit ist, für seinen persönlichen Durst nach noch mehr Macht zu opfern.

Wenn du mich fragst, wird Putin keine Ruhe geben, bis er nicht den letzten Meter dieses Landes unter seine Herrschaft gebracht hat. Koste es, was es wolle. Mit Gewalt. Und was nicht mit Gewalt funktioniert, wird er mit noch mehr Gewalt durchsetzen.

Ich werde mich nicht einschüchtern lassen. Ganz sicherlich werde ich mich nicht aus meiner Heimat verjagen lassen. Allein deinen jüdischen Großeltern zuliebe, die während des Zweiten Weltkrieges ihren Heimatort verlassen mussten, gezwungen wurden, alles stehen und liegen zu lassen, um zu überleben.

Ich werde das 78 Jahre später nicht machen, nur weil ich Ukrainer bin.

Ich werde hier bleiben. In Schumenskyi.[3] Wo ich mein ganzes Leben verbracht habe. Wo ich hingehöre. Bis an mein Lebensende.

Die ukrainische Armee ist stark und wird die Besatzer hoffentlich schon bald wieder verjagen können.

Slava Ukraini![4]

25. FEBRUAR 2022
DAS HEULEN DER HUNDE

Dorogaya Annatschka,

ich schreibe dir diesen zweiten Brief, weil ich nicht weiß, ob wir uns jemals wiedersehen werden.

Gestern war ich noch voller Vertrauen in die ukrainischen Sicherheitsbehörden. Ich war überzeugt davon, dass sie wehrhaft sind und in der Lage sein werden, unser geliebtes Cherson zu verteidigen. Sie befinden sich doch schon seit 2014, seit Putins Truppen die Krim-Halbinsel erobert und den Donbass[5] in einen Kriegsschauplatz verwandelt haben, im Alarmzustand.

Doch zu meinem Entsetzen scheine ich mich getäuscht zu haben.

Es ist eine Tragödie.

Es scheint, als gäbe es absolut keinen Widerstand. Unsere Männer haben kurzerhand die Flucht ergriffen und uns einfache Bürger den russischen Besatzern ausgeliefert.

Ich würde es nicht glauben, hätten die Hunde der Pogranitschnikyi[6] mir gestern Nacht nicht meinen Schlaf geraubt. Die ganze Nacht haben sie laut gebellt und geheult, weil sie kurzerhand von ihren Herren verlassen und somit auch nicht mehr gefüttert wurden. Ganz Cherson konnte wegen ihrem lauten Heulen nicht schlafen. Ich sage dir, das war noch viel ohrenbetäubender als der Raketenbeschuss aus Gaza, mit dem ihr in Israel seit vielen Jahren lebt.

Jedes Bellen, jedes Heulen dieser zurückgelassenen Hunde bricht einem das Herz. Hungrige Hunde, die plötzlich auf sich gestellt sind. Hungrige Hunde, die an kein Essen und Trinken kommen, da sie eingeschlossen sind. Die Pogranitschnikyi hätten sie auch nicht freilassen können, denn es sind Kampfhunde, die sehr gefährlich werden können, wenn sie sich herausgefordert fühlen, auf Befehl angreifen sollen oder eben hungrig sind.

Heute früh hat unser lokales Radio sich für die Hunde eingesetzt und einen Aufruf gestartet. Dringend werden knapp ein Dutzend ausgebildete Hundekenner gesucht, die imstande sind, sich den Hunden zu nähern, um ihr Vertrauen zu gewinnen.

Man warne davor, aus Naivität zu glauben, dass man sie im Anschluss an eine warme Mahlzeit einfach so auf freien Fuß setzen lassen könne. Sie würden höchstwahrscheinlich im Rudel durch die Straßen ziehen und es sei nur eine Frage der Zeit, bis sie aus der Not heraus keinen Halt vor Haustieren und, wer weiß, vielleicht sogar Kindern, machen würden.

Dann hätten wir einerseits die Russen und andererseits die Hunde, mit denen wir in unserer Stadt konfrontiert würden, und das ohne jegliche Verteidigungsbarrieren.

Ich würde dann nicht einmal mehr vor die Tür gehen können, um mir Wasser oder Brot zu besorgen.

27. FEBRUAR 2022

ALLE MANN AUF NACH NADNJEPRANSKOYI!

Dorogaya Annatschka,

wer hätte das gedacht, aber es ist wahr, unsere feige Armee ist auf der Flucht Richtung Mykolaev. Nicht einen einzigen Tag haben sie sich für Cherson und uns eingesetzt. Wir sind auf uns gestellt. Panik macht sich breit. Die Menschen haben Angst.

Ich habe Angst!

Doch wir geben nicht auf. Im Gegenteil. Wir kämpfen für unsere Freiheit. Wir kämpfen für Cherson.

Gestern in der Früh haben wir uns am Eingang zur Schule Nummer 55 versammelt. Zu dem Treffen aufgerufen hatten einige bekannte Chersoner, unter anderem der ehemalige Bürgermeister Vladimir Mykolajenko. Mehrere Hundert Männer, die bereit sind, die Stadt zu verteidigen, auch die Zwillingsbrüder Andryi und Dima aus dem 3. Stock, mit denen du aufgewachsen bist, waren da und voller Einsatzbereitschaft. Mich wollten sie nach Hause schicken, weil ich schon nicht mehr im Kampfalter sei. Doch ich habe mich geweigert und mich bereit erklärt, jede Aufgabe zu übernehmen, die unseren Freiwilligen helfen könnte, Cherson zu verteidigen.

Um die Mittagszeit rum wurden wir mit Bussen nach Nadnjepranskoyi gefahren. Uns wurde versprochen, dass jeder Mann eine Waffe und ausreichend Munition erhalten wird, um zumindest in der Lage zu sein, sich und seine Familie verteidigen zu können. Doch leider fehlte es an allem. Nicht genug Waffen, nicht ausreichend Munition, und das Schlimmste von allem, kein strategischer Plan.

Eine Sache war uns allen jedoch klar: Russische Soldaten werden weiterhin über die Antonovskyi-Brücke kommen, denn diese eine Brücke stellt den zentralen Verbindungsknoten zwischen der Krim und Cherson dar. Es gilt, die Brücke zu halten, koste es, was es wolle.

Noch am Abend wurden einige Dutzend, teilweise nicht bewaffnete »Kämpfer«, zur Antonovskyi-Brücke gefahren, mit der Mission, die Brücke zu bewachen und alles daran zu setzen, im Ernstfall das Eindringen russischer Truppen in die Stadt zu verhindern.

Es konnte nicht gut gehen. Allen war klar, dass es eine Selbstmordmission war. Doch welche Wahl hatten wir?

In der Nacht konnte man das Feuergefecht zwischen russischen Truppen, die über die Antonovskyi-Brücke nach Cherson einrückten, und unseren Freiwilligen, die sich ihnen in den Weg stellten, mitverfolgen.

Es war ein kurzes Feuergefecht.

Heute weiß schon ganz Cherson, dass es viele Tote auf unserer Seite gab und dass die Brücke jetzt fest in den Händen der Russen ist.

Leider hat es auch Dima erwischt. Er ist als Held von uns gegangen.

2. MÄRZ 2022
MASSAKER IM LILA-PARK

Dorogaya Annatschka,

bitte verzeih, dass ich dir nicht früher geschrieben habe. Ich bin nach dem Zwischenfall auf der Antonovskyi-Brücke in ein tiefes emotionales Loch gefallen. Es hätte nämlich auch mich treffen können, wäre ich wegen meines Alters nicht »ausgemustert« worden.

So sollte ich eigentlich dankbar sein, dass ich noch am Leben bin, jedoch hat mich soeben eine weitere, überaus traurige Nachricht erreicht, die ich dir auf diesem Wege mitteilen möchte, damit du weißt, wie es um Cherson steht und wie der Alptraum sich weiter entwickelt.

Im Lila-Park[7] in Schumenskyi fand vorgestern eine weitere Tragödie statt. Eine Tragödie, die für unsere geliebte Stadt den Wendepunkt, von dem es wahrscheinlich kein Zurück mehr geben wird, darstellt. Mehrere Dutzend unserer freiwilligen bewaffneten Chersoner Kämpfer, darunter einige, die den Zwischenfall bei der Antonovskyi-Brücke überlebt haben, hatten sich im Lila-Park organisiert, den Park in eine Art Kommandozentrale umgestaltet, und von dort aus russische Truppen angegriffen. Einen ganzen Tag lang schien sich der Widerstand zu halten und es schien sogar Hoffnung zu geben. Es sprach sich rum, dass Cherson noch nicht verloren sei, dank tapferer Chersoner, die sich der Besatzung in den Weg stellten.

Auch ich war optimistisch.

Doch dann hat ganz offensichtlich jemand den Russen verraten, dass der Lila-Park eine Hochburg, vielleicht sogar die letzte Bastion des Widerstands sei. Die Russen haben den Park von allen Seiten umzingelt und den Widerstand bis auf den letzten Mann eliminiert.

Das bittere Resultat sind 67 ukrainische Leichen.

67 unserer Männer, die ihr Leben für Cherson geopfert haben, während weit und breit keine Spur mehr von unserer Armee und Polizei war. Eine Tragödie, die ohne Zweifel in die Geschichte Schumenskyis, ja vielleicht sogar der ganzen Stadt, eingehen wird.

Nach dem Zwischenfall bewachten russische Soldaten den Lila-Park, damit niemand die Leichen begraben konnte. Jeder vorbeilaufende Chersoner sollte den Leichenberg zu Gesicht bekommen. Er sollte als Warnung dienen. Die Message war klar: Wer sich den neuen Herrschern unserer Stadt in den Weg stellt, wird so enden.

Erst viele Stunden später wagte es ein Geistlicher, auf die russischen Truppen am Eingang zum Lila-Park zuzugehen und sie darum zu bitten, den gefallenen Männern die letzte Ehre erweisen zu dürfen. Er bat um Menschlichkeit. Schließlich seien wir alle Brüder und Schwestern. Es funktionierte. Mit bloßen Händen, so hat es sich wie ein Lauffeuer in ganz Cherson rumgesprochen, soll er bis spät in die Nacht hinein Löcher in den durch Dauerregen aufgeweichten Boden gebuddelt haben, um die Leichen begraben zu können.

Vielleicht war es das erste Massenbegräbnis unserer Stadt. Zumindest seit meiner Geburt 1949.

3. MÄRZ 2022
AUSGANGSSPERRE

Dorogaya Annatschka,

mein Leben stellt sich gerade auf den Kopf.

Ich hätte nie gedacht, dass ich einmal unter einer Besatzung leben werde. Eine Besatzung bestehend aus Menschen, die wie ich aussehen, meine Sprache sprechen und meine Kultur haben. Eigentlich vollkommen absurd. Doch das ist keine Realsatire, sondern bittere Realität. Ich würde es auch nicht glauben, befände ich mich nicht mittendrin.

Ab sofort herrscht hier eine militärzivile Administration. Es wurde sogar eine Ausgangssperre zwischen 20 Uhr abends und 6 Uhr morgens über ganz Cherson verhängt, damit bloß niemand auf die törichte Idee kommt, sich im Schatten der Dunkelheit zu organisieren, um sich russischen Soldaten, von denen immer mehr ins Zentrum der Stadt einströmen, in den Weg zu stellen. Mich haben sogar Gerüchte erreicht, dass sowohl die ukrainische als auch die russische Seite damit begonnen haben, Verräter zu bestrafen.

So schnell kann sich das Leben auf den Kopf stellen.

Mein Herz gehört Cherson, unserem Geburtsort.

Langsam fange ich aber an, mich gezwungenermaßen zu fragen, ob es eine Rolle spielt, ob Cherson unter ukrainischer oder russischer Herrschaft steht, ob es zur Ukraine oder zu Russland gehört?

Eigentlich spielt es eh keine Rolle, was ich fühle oder denke, doch dich, liebe Anna, wollte ich wissen lassen, dass ich vor einem großen Dilemma stehe. Vor einer Sackgasse. Ich muss mich eventuell schon sehr bald entscheiden, ob ich ein ukrainischer Patriot sein will, mit allen Konsequenzen, oder ob ich bereit bin, die neuen Herrscher zu akzeptieren und mit ihnen zu kooperieren, ebenfalls mit allen Konsequenzen.

Was tun? Ich fühle mich betrogen von Selenskyi und der ukrainischen Armee, der Polizei und den Pogranitschnikyi.

Ich bin auf mich gestellt. Welche Wahl bleibt mir?

Welche Wahl bleibt mir, um zu überleben?

4. MÄRZ 2022

DAS LETZTE STÜCK BROT?

Dorogaya Annatschka,

ich will nicht, dass du dir Sorgen machst, jedoch will ich dich auch nicht anlügen und die Situation, in der ich mich derzeit befinde, verharmlosen. Nichts ist mehr, wie es noch bis vor zwei Wochen war.

Nichts!

Das solltest du wissen.

Alles hat sich verändert.

Niemand weiß, wie es weitergehen wird. Wir fragen uns mittlerweile sogar, ob wir in Zukunft ganz normal einkaufen gehen können. Ob es ausreichend Medikamente geben wird. Ob wir unser Leben ohne gravierende Einschränkungen ungestört weiterführen können.

Ich schreibe dir das, weil ich wirklich Grund dazu habe, denn bestimmte Änderungen beeinflussen schon jetzt meinen Alltag. Nicht nur, dass die Regale in Atb, Selpo und Grin[8] immer leerer werden, sondern seit einigen Tagen haben auch die Bäckereien zu, weil die Zugangsstraßen zu Cherson abgeriegelt sind und kein Nachschub aus Cherson Oblast[9] reingelassen wird. Die russische

Administration lässt nur Lastwagen passieren, die einfaches Brot transportieren. So gibt es mittlerweile mobile Brot-Verkaufsstellen, die einzig und allein Brot verkaufen dürfen, um, so scheint mir, eine humanitäre Katastrophe zu vermeiden.

Heute früh stand ich zum ersten Mal, und das fast drei Stunden lang und in der Kälte, in einer Riesenschlange, um ein Stück Brot zu kaufen. Die Schlange schien kein Ende zu nehmen, da sich immer wieder Menschen vorgedrängelt haben. Ich will ihnen nichts vorwerfen, wahrscheinlich sind sie einfach nur um einiges schockierter als ich über die neue Situation und haben schreckliche Angst, dass letzte Stück Brot zu verpassen. Ich habe zum Glück noch ein Brot kaufen können, wenn auch zum fast doppelten Preis als vor der russischen Invasion.

Das Ganze hat mich in der Zeit zurückversetzt. Zurück in die Zeit deiner Großeltern. In die Zeit des Zweiten Weltkrieges, als deine Großeltern aufgrund ihrer jüdischen Herkunft verfolgt wurden und Angst um ihr Leben haben mussten. Jahrelang begleitete sie die Angst, kein Brot mehr abzubekommen. Zu verhungern. In jenen Tagen der massiven Judenverfolgung.

Mit ihren Erzählungen über »das letzte Stück Brot« bin ich aufgewachsen. Das hat mich wesentlich geprägt. Ich wusste als kleiner Junge immer, dass es mir gut geht und alles im grünen Bereich ist, solange ich mein tägliches Brot auf dem Teller hatte.

6. MÄRZ 2022

DIE 3 BS: BANKEN, BANKAUTOMATEN UND BARGELD

Dorogaya Annatschka,

die Schlinge zieht sich weiter zu um meinen Hals. Um unser aller Hals.

Wer bis jetzt noch nicht die Flucht nach Westen angetreten hat, der muss schauen, wie er über die Runden kommt. Deine ehemalige Schulleiterin Oksana Iqnatenko, dein Schachlehrer Ivan Potrebenko und mein bester Freund seit meiner Kindheit, Ruslan Onischenko, du solltest sie alle in bester Erinnerung haben, sie alle sind mittlerweile weg. Ich nehme an, sie alle und viele mehr versuchen, nach Deutschland oder Österreich zu gelangen.

Ruslan hat mich gebeten, ihm zu folgen, doch ich kann und will meine Heimatstadt nicht verlassen. Ich sagte ihm, dass es in einer Ehe doch auch gute und schlechte Zeiten gebe und man nicht bei jedem Tiefpunkt sofort die Flucht ergreifen sollte. Ähnlich nehme ich die Beziehung zwischen einer Stadt und ihren Bürgern wahr, mal besser, mal schlechter, doch es ist ein Bund, der im Prinzip unzertrennbar ist beziehungsweise sein sollte.

Er fand den Vergleich ein wenig, sagen wir, amüsant, da deine Mutter sich von mir getrennt hatte, als du noch ein kleines Mädchen warst. Unsere Differenzen waren wohl zu groß und es war wahrscheinlich das Beste für alle, dass sie sich damals ein neues Leben in Deutschland aufgebaut hat.

Ruslan hat mir versprochen, dass er sich melden wird, sobald er irgendwo Fuß fassen wird. Sein ukrainisches Telefon hat er sicherheitshalber nicht mitgenommen. In einer Realität des Krieges weiß man nie, ob die eine oder andere Seite einen als Verräter oder Feigling auf ihrer schwarzen Liste markiert und versucht, einem zu schaden.

Schumenskyi wirkt wie ein Geisterbezirk. Kaum jemand ist mehr auf der Straße oder im Park anzutreffen, es sei denn, er oder sie ist auf dem Weg zu einem Brot-Transporter oder versucht, noch schnell an Bargeld zu gelangen. Für kurze Gespräche auf der Straße haben viele Menschen keine Geduld mehr. Einige sind wie Zombies unterwegs. Ihr Blick ist starr geradeaus gerichtet. Die Verzweiflung steht ihnen ins Gesicht geschrieben. Sie wissen, es geht ums Überleben.

Viele Chersoner haben in den letzten Tagen wie verrückt Geld von ihren Konten abgehoben, um in der Lage zu sein, für das Nötigste in bar zahlen zu können. Bankautomaten sind nicht mehr in Betrieb, also muss man zur Bank. Man hat keine Wahl. Die Schlangen zur Bank sind Hunderte Meter lang. Private Banken, wie zum Beispiel die Ukrgas-Bank und die Pravex-Bank, haben schon seit einer Woche ihre Filialen nicht mehr geöffnet, umso größer ist der Druck auf die wenigen verbliebenen offenen Banken.

Ich habe Glück im Unglück, da ich mein Konto bei der staatlichen Oshad-Bank habe, die täglich ihre Tore öffnet, jedoch ist der Ansturm so groß, dass nicht jeder es schafft, bedient zu werden. Ich stand gestern stundenlang in der Schlange, doch ich kam nicht mehr dran. Also bin ich heute schon um Punkt 6 Uhr morgens, also direkt nach der Ausgangssperre, zur Bank gelaufen, um einer der Ersten zu sein und sicher dranzukommen.

Doch was ist schon sicher auf dieser Erde, außer dem Tod?

Stell dir vor, schon um 6.15 Uhr hatte sich eine mindestens hundert Meter lange Schlange vor der Bank gebildet und das fast drei Stunden bevor die Bank überhaupt betretbar war. Jetzt war ich mir plötzlich nicht mehr sicher, ob ich noch drankommen würde, aber das Handtuch wollte ich nicht schmeißen. Erst am Nachmittag, gegen 16.45 Uhr, war es dann endlich so weit und ich konnte Geld abheben. Das lange Warten hatte sich gelohnt.

Bargeld ist heutzutage die wichtigste Überlebensversicherung.

Insbesondere, da nicht nur die Preise für Brot, sondern auch für Wasser und Medikamente gestiegen sind. Mehr brauche ich eigentlich nicht, um zu überleben: Brot, Wasser, Medikamente.

Wenn deine Großeltern es damals, während des Zweiten Weltkrieges, geschafft haben, jahrelang mit dem Minimum auszukommen und ihren Optimismus zu bewahren, dann werde auch ich es schaffen. Ich hätte nur nicht gedacht, dass ich eine derartige Realität eines Tages am eigenen Leib durchmachen müsste.

Und das im Alter von 73 Jahren.

8. MÄRZ 2022
IHOR VIKTOROVYCH KOLYKHAIEV, UNSER HELD

Dorogaya Annatschka,

es passiert mehr, als ich dir schreiben kann, schreiben will. Ich bin nicht in der Lage, alles wiederzugeben, was ich erlebe. Wer weiß, ob die Gerüchte über Folter und Massengräber wirklich stimmen, oder ob die eine oder die andere, wahrscheinlich sogar beide Seiten, »nur« psychologischen Krieg mit der Bevölkerung führen, um Angst und Panik zu verursachen oder um zu mobilisieren. Das Ungewisse und das entstehende Kopfkino sind das Schlimmste an der ganzen Situation.

Der Status quo zwischen den Ukrainern und den Russen scheint sich täglich zu verändern. Auch in unserer geliebten Heimatstadt Cherson. Die Ereignisse überschlagen sich. Ohne Vorwarnung. Ohne Ankündigung.

Immer mehr Chersoner packen ihre Koffer und machen sich auf nach Europa. Dein großer Bruder Vowa und ich, wir haben nicht vor, unsere geliebte Heimat zu verraten und ihr den Rücken zu zukehren. Das schwöre ich dir bei allem, was mir noch geblieben ist, und das ist nicht viel.

Stell dir vor, erst vor Kurzem hat unser Bürgermeister Ihor Kolykhaiev eine in der gesamten Ukraine ausgestrahlte Grußbotschaft von unserem Präsidenten Volodymyr Selenskyi erhalten. Selenskyi hat Kolykhaiev einen ukrainischen Helden genannt und andere Bürgermeister aufgefordert, sein vorbildliches und patriotisches Vorgehen nachzuahmen. Hunderte, wahrscheinlich sogar Tausende Chersoner sind daraufhin einem Aufruf in den sozialen Medien gefolgt und haben sich, ausgestattet mit großen Ukraineflaggen, auf dem Platz der Freiheit getroffen, um den Russen zu sagen: Nicht mit uns! Wir sind Ukrainer. Wir sind stolze Ukrainer. Ihr werdet uns nicht brechen. Unser Bürgermeister ist unser Held. Cherson ist und bleibt ukrainisch. Cherson ist und bleibt Teil der Ukraine.

Die Russen haben selbstverständlich die Grußbotschaft in der Hauptstadt Kiew mitbekommen und auch die Versammlung auf dem Platz der Freiheit aus nächster Nähe mit eigenen Augen mitverfolgt. Ohne Zweifel hat sie das sehr geärgert und es wäre naiv und dumm zu glauben, sie würden daraufhin keine Maßnahmen ergreifen.

Für mich stand sofort fest, Selenskyi hatte Kolykhaiev in eine sehr gefährliche, vielleicht sogar lebensgefährliche Lage gebracht, indem er ihn als »vorbildlichen ukrainischen Patrioten« ehrte. Er hat unseren Bürgermeister damit zu einer Zielscheibe gemacht.

Die russische Reaktion ließ tatsächlich und wie erwartet nicht lange auf sich warten. Heute sind ein Dutzend hochrangiger russischer Offiziere ins Rathaus einmarschiert und haben das Gebäude in ihre Gewalt gebracht. Kolykhaiev blieb keine Wahl, er hat keinen »Gürtel« von ausgebildeten Sicherheitskräften um sich herum und musste klein beigeben.

Als Erstes ließen die Russen alle ukrainischen Flaggen abhängen und an ihrer Stelle russische Flaggen hissen.

Wie es nun mit Kolykhaiev weitergehen wird, ist noch ungewiss. Ich hoffe, ihm wird nichts passieren.

9. MÄRZ 2022

DIE BLAU-GELBE-BEWEGUNG

Dorogaya Annatschka,

spätestens nach dem Massaker im Lila-Park war ich davon überzeugt, dass Cherson nicht mehr zu retten war und schon sehr bald ein offizieller Anschluss an Russland verkündet würde.

Um ehrlich zu sein, ich habe mich schon mehr oder weniger mit den neuen Umständen abgefunden. Hauptsache, kein weiteres Blutvergießen. Hauptsache, Brot, Wasser und Medikamente. Egal, welche Flagge am Rathaus hängt.

Doch wie es so ist im Leben, führt das eine oftmals erst zum anderen, ohne dass wir in der Lage sind, die Reihenfolge und das Ausmaß der Entwicklungen vorausschauen zu können. Der Schneeballeffekt ist somit in vollem Gange. Nachdem unser Bürgermeister geehrt und zur Zielscheibe erklärt wurde, kamen russische Offiziere und besetzten unser Rathaus. Jetzt rollt der Schneeball mit einer sehr schnellen Geschwindigkeit weiter, denn ganz Cherson wurde heute früh überrascht, als auf allen Fernsehkanälen eine Gruppe von bewaffneten und maskierten Männern und Frauen gezeigt wurde, die vor dem Hintergrund einer großen ukrainischen Flagge und einer Flagge der Stadt Cherson, lautstark die ukrainische Nationalhymne sangen und schworen, Chersons Unabhängigkeit bis auf den letzten Mann und die letzte Frau zu verteidigen. Dabei hielten sie ihre Gewehre und Pistolen in die Kamera. Einer von ihnen richtete seinen Gewehrlauf sogar in die Kamera, um klar zu machen, dass er es ernst meinte und bereit war abzudrücken.

Eine eindeutige Warnung an die Russen.

Die Videobotschaft wurde den ganzen Tag immer wieder auf allen Fernsehkanalen eingeblendet. Ein zweiminütiges Video, das ich gefühlte 50-mal gesehen habe und bei dem sich bei mir von Mal zu Mal der Eindruck verstärkt hat, dass es sich um eine Gruppe ukrainischer Rechtsradikaler handelt, wahrscheinlich nicht einmal aus Cherson, die bestimmt schon auf der Jagd nach Russen, und wer weiß, vielleicht auch »ukrainischen Verrätern«, sind.

Wer wird sie von Kriegsverbrechen abhalten?

Muss ich mich jetzt sowohl vor den russischen Truppen als auch der Blau-Gelben-Bewegung in Acht nehmen? Ich gehe sowieso schon kaum aus dem Haus.

Ich weiß nicht, wer genau hinter dieser Blau-Gelben-Bewegung steht, wie viele Mitglieder sie hat und ob sie einen Draht zur ukrainischen Armee außerhalb Chersons unterhält, um Waffen geliefert zu bekommen. Ohne militärische Unterstützung können ein paar Dutzend Aufständische wohl kaum eine der stärksten Armeen der Welt in die Knie zwingen und aus Cherson vertreiben.

Was ich jedoch weiß, ist, dass auch die Russen diese Video-Aufnahmen gesehen haben und zweifellos schon ihr weiteres Vorgehen gegen die Aufständischen planen.

Bestimmt werden die Russen die Ausgangssperre verlängern, um ihre Bewegungsfreiheit einzuschränken. Früher oder später werden sie jedoch aufeinanderstoßen und es wird kein gutes Ende nehmen.

Der Machtkampf um Cherson scheint noch lange nicht abgeschlossen zu sein.

Im Gegenteil, er scheint erst begonnen zu haben.

10. MÄRZ 2022
KADYROWS MÄNNER SIND DA[10]

Dorogaya Annatschka,

ich wusste, dass der Schneeball weiter den Berg hinunterrollen wird und der Kampf um die Vorherrschaft in Cherson noch lange nicht entschieden ist. Mir war klar, dass die Blau-Gelbe-Bewegung die Russen provozieren wird und es schon sehr bald eine Reaktion vonseiten der russischen Administration geben wird. Auf vieles war ich vorbereitet, aber was jetzt hier passiert, hätte ich mir nicht einmal in meinen schlimmsten Alpträumen vorstellen können.

Heute früh stand ich, wie so oft in den letzten Wochen, vor deiner ehemaligen Schule Nummer 54 in der Schlange vorm Brotwagen. Plötzlich kamen aus der Ferne zwei Geländewagen mit hoher Geschwindigkeit auf uns zugefahren. Heutzutage fahren kaum noch Autos durch Cherson, umso mehr fallen zwei schnell fahrende Jeeps auf. Mit einer laut quietschenden Vollbremsung hielten sie vor dem Brotwagen an und mehrere bewaffnete tschetschenische Kämpfer stiegen aus. Sie stellten sich natürlich nicht in die Schlange, sondern gingen direkt auf die Freiwilligen im Lastwagen zu und einer von ihnen, der ganz vorne, forderte sie lautstark auf Russisch auf, ihnen Brot zu geben. Einige Menschen in der Schlange wurden ein wenig lauter und fingen an, sich zu beschweren, doch nur ein Blick der Tschetschenen reichte aus, um alle zum Schweigen zu bringen. Allen war sofort klar, dass die Tschetschenen nicht gekommen waren, um Freundschaft zu schließen. Die tschetschenischen Kämpfer waren ohne Zweifel von den Russen aus der Krim herbeigerufen worden, um in Cherson »für Ordnung« zu sorgen. Damit meine Ich, jeglichen Widerstand zu brechen. Ohne Erbarmen. Allen voran die Blau-Gelbe-Bewegung und was an Widerständlern sonst übriggeblieben ist.

Ihr aggressives Auftreten, besonders der eiskalte und durchbohrende Blick, ließ keinen Zweifel daran, dass sie als Killerkommando unterwegs waren, und wer sich ihnen in den Weg stellen sollte, ob Mann, Frau, Rentner oder Kind, mit seinem Leben dafür bezahlen würde. Eins war klar, sie waren nicht gekommen, um Gefangene zu machen.

Ein Freiwilliger auf dem Brotwagen überreichte einem Tschetschenen zwei Brote. Der nahm die Brote und steckte sie unter seinen linken Arm. Nun blickte er erst auf das Brot, dann dem Freiwilligen in die Augen und dann wieder auf das Brot. Ohne Vorwarnung holte er mit seiner rechten Hand aus und gab dem Freiwilligen mit voller Wucht eine Backpfeife. Der flog erst einmal nach hinten, bevor er sich aufrappelte und fragte, warum er ihn schlagen würde. Daraufhin antwortete der Tschetschene, dass es eine Beleidigung sei, dass er nur zwei Brote erhalten habe, obwohl sie neun Kämpfer seien. Der Brotverteiler auf dem Lastwagen bat um Entschuldigung, reichte den drei Tschetschenen weitere vier Brote und lud sie mit einem aufgezwungenen Lächeln ein, jederzeit wieder vorbeizukommen, falls das Brot knapp werden sollte. Er sagte ihnen, als ob das nicht ohnehin klar war, dass sie sich in Zukunft nicht einmal in die Schlange stellen müssten, sondern sofort so viel Brot bekommen würden, wie sie bräuchten.

Zum ersten Mal wurde mir klar, dass Cherson von Fremden besetzt wird. Von Feinden. Bei den russischen Truppen fühlte ich keine wirkliche Fremdbesatzung. So schlimm die Umstände auch sein mögen, wirkt es auf mich eher wie eine Art Konflikt zwischen Brüdern. Das liegt daran, dass auch wir im Endeffekt aus dem russischen Kulturraum sind. Wir sehen gleich aus. Essen das gleiche Essen. Sprechen die gleiche Sprache. Tragen die gleichen Namen.

Doch die Tschetschenen sind anders. Sie sind Muslime. Haben eine andere Kultur. Eine andere Sprache. Andere Sitten.

Auf dem Weg zurück vom Brotwagen begegnete ich meiner Nachbarin Marija Shevchenko. Ich erzählte ihr von dem Zwischenfall mit den Tschetschenen und bat sie, auf sich Acht zu geben. Schließlich gibt es kaum noch jemanden, der sie oder mich in Schutz nehmen könnte. Wir sind auf uns gestellt. Wer weiß, was die Tschetschenen im Schilde führen. Marija guckte auf den Boden und war erst einmal sprachlos, so schien mir. Nach einer kurzen Pause antwortete sie mir: »Juri, es ist noch viel schlimmer, als du denkst. Vor einer Woche hat ein russischer Soldat bei meinen Eltern angeklopft und sich seitdem bei ihnen eingenistet. Er hat ein ganzes Zimmer für sich beschlagnahmt und führt sich auf, als sei er der Herr im Haus. Meine Eltern sind Gefangene in ihrer eigenen Wohnung. Mir haben sie verboten vorbei zu kommen. Anrufen soll ich auch nicht, damit er nicht mitbekommt, dass ich überhaupt existiere. Sie wollen nicht das Risiko eingehen, dass er sich an mir vergreift. So bleibt mir nichts anderes übrig, als auf den Anruf meiner Eltern zu warten, der erst kommt, wenn er aus dem Haus ist. Und wenn du denkst, dass es nur meine Eltern erwischt hat, dann täuschst du dich. Mein Vater erzählte mir, dass zwei seiner Arbeitskollegen, die in Einfamilienhäusern wohnen, auch russische Soldaten beherbergen. Bei einem der Kollegen sollen es gleich drei Soldaten sein, die die gesamte zweite Etage beschlagnahmt haben. Sie besaufen sich und fluchen laut. Besonders glücklich über ihren Aufenthalt und ihre Mission hier in Cherson scheinen sie nicht zu sein.«

Ich umarmte Marija und flüsterte ihr zu, dass uns allen keine andere Wahl bliebe, als durchzuhalten. Schließlich können die russischen Soldaten nicht ewig in unseren Häusern wohnen.

Oder etwa doch?

12. MÄRZ 2022

FABRIKA IN FLAMMEN

Dorogaya Annatschka,

bitte entschuldige, dass ich dir gestern nicht geschrieben habe. Die Dinge überschlagen sich weiterhin und ich sollte eigentlich dankbar sein, dass ich noch am Leben bin. Jedoch bin ich der Verzweiflung nahe, weil sich unser Leben hier in Cherson so dramatisch verändert hat und niemand weiß, was uns noch bevorsteht.

Vielleicht wäre es einfach das Beste gewesen, wenn wir uns direkt ergeben hätten. Ich meine, von unserer Armee und Polizei war schon ab dem ersten Tag des russischen Angriffs keine Spur mehr zu sehen. Sie haben uns hier unserem Schicksal überlassen. Unsere freiwilligen Kämpfer wurden innerhalb weniger Tage komplett besiegt und tot am Straßenrand liegen gelassen.

Der Kampf war doch schon nach drei Tagen entschieden. Ein Kampf, der kein Kampf war.

Wir hatten den Russen nichts mehr entgegenzusetzen. Ein halbwegs normaler Alltag unter russischer Administration hätte dann eingeläutet werden können. Ein Alltag ohne Angst, vor die Tür zu gehen. Vielleicht hätten sich dann auch keine Soldaten bei uns eingenistet. Vielleicht wären dann auch nicht die Tschetschenen gerufen worden.

Doch dann kam die Blau-Gelbe-Bewegung ins Spiel und seitdem brennt Cherson. Im wahrsten Sinne des Wortes.

Du erinnerst dich doch sicherlich noch an die Fabrika, unser großes und beliebtes Einkaufszentrum, mit Kino und Dutzenden Restaurants. Trotz allem, was wir hier so durchmachen, blieb die Fabrika ein beliebter Treffpunkt für uns Chersoner. Die Geschäfte waren größtenteils geöffnet und man traf sich, um »unter sich« zu sein und reden zu können.

In den letzten Wochen war ich zweimal dort, zum letzten Mal erst vorgestern, aber es hat gereicht, um zu verstehen, dass die Fabrika in eine Art Operationszentrale des Chersoner Widerstands umgewandelt wurde. Die Rebellen, unter ihnen auch viele Rebellinnen, haben sich dort in den Hinterzimmern der Geschäfte getroffen, um ihr weiteres Vorgehen zu besprechen und Pläne zu schmieden.

Ich habe das eher durch Zufall bemerkt, denn sie sind weder in Gruppen in die Fabrika hineinmarschiert, noch sind sie Grüppchenweise innerhalb der Fabrika herumgelaufen, und auch auf dem Weg nach draußen ist jeder Rebell allein gelaufen. Sie wollten kein Aufsehen erregen und es so diskret wie möglich halten, um nach außen keinen Eindruck von einer organisierten Gruppe zu hinterlassen, ganz bestimmt nicht von einer Widerstandsbewegung, die vorhat, die Russen zu bekämpfen.

Theoretisch gut geplant, jedoch praktisch katastrophal umgesetzt. Denn wenn schon einem einfachen Bürger wie mir, der eine Runde durch die Fabrika dreht, um sich ein wenig abzulenken und mit Menschen ins Gespräch zu kommen, auffällt, dass übertrieben viele Personen aus dem Hinterzimmer eines Geschäfts herausströmen, selbst wenn auch vereinzelt und in kurzen Abständen, dann haben das sicherlich auch viele andere Besucher der Fabrika festgestellt.

Das Problem ist, dass die Russen nicht nur fast überall ihre Augen und Ohren im Spiel haben, sondern es Chersoner gibt, die den Russen Informationen zuspielen, weil sie sich schon längst auf ihre Seite geschlagen haben und mit ihrem Einsatz sicherstellen wollen, dass ihnen und ihrer Familie nichts angetan wird.

So führte das eine wieder zum anderen. Die Fabrika stand in der Nacht vom Donnerstag auf den Freitag in Flammen. Ein Großteil des Einkaufszentrums brannte nieder. Die Bilder sind heute auf allen Fernsehkanälen und in den sozialen Netzwerken verbreitet worden. Die Fabrika war kaum wiederzuerkennen. Ein Stich in unser aller Herz. Es war der letzte Ort in der Stadt, an dem man sich noch ein wenig wie vor dem 24. Februar fühlen konnte.

Die Russen haben sicherlich Informationen über die Operationszentrale des Widerstands im Einkaufzentrum gesteckt bekommen. Es liegt nahe, davon auszugehen, dass sie den Brand verursacht haben, um den Widerstand zu brechen. Wissen tue ich es natürlich nicht. Gerüchte machen jetzt aber auch die Runde, dass die Blau-Gelbe-Bewegung die Fabrika niedergebrannt hat, um für noch mehr Frust innerhalb der Bevölkerung zu sorgen und somit Leute zu mobilisieren, sich ihnen anzuschließen, um die Russen aus der Stadt zu verjagen. Das kann und will ich aber nicht glauben. Es ist ganz sicherlich russische Propaganda, um von ihrem kriminellen Vorgehen abzulenken und die Wut der Bevölkerung auf die ukrainischen Rebellen zu schieben.

Im Krieg passieren Dinge, sehr unschöne Dinge, von denen man als »Zuschauer« mitbekommt, oftmals aber nicht genügend Einblicke ins Geschehen erhält, um wirklich nachvollziehen zu können, wie es zu bestimmten Situationen gekommen ist und was eigentlich der Auslöser war.

Auch ich war einmal Soldat und kann mich in beide Seiten hineinversetzen.

15. MÄRZ 2022

PLATZ DER FREIHEIT SCHREIT NACH FREIHEIT

Dorogaya Annatschka,

ganz Cherson befindet sich seit Tagen in einem Schockzustand. Niemand hier in Cherson hat jemals miterleben müssen, dass zu seiner Lebzeit ein zentrales Symbol der Stadt mit Absicht abgefackelt wird. Das gab es hier noch nie.

Weißt du was, jetzt wo ich darüber nachdenke und dir das schreibe, fällt mir ein: Ein ähnliches Massaker wie das vom Lila-Park gab es auch noch nie.

Es gab ein Cherson vor dem 24. Februar, an das auch du dich sicherlich noch gut erinnern kannst, und es gibt ein anderes, neues, Nach-24. Februar-Cherson, im täglichen Wandel, in dem ich mich befinde.

Es sind gerade einmal drei Wochen vergangen, aber es wirkt wie eine Ewigkeit.

Der Platz der Freiheit hat sich heute in eine Kampfzone verwandelt. Hunderte Chersoner haben sich dort versammelt und mit lauten Sprechchören immer wieder »Slava Ukraini« geschrien.

Mehrere Teilnehmer haben die Protestveranstaltung live aufgenommen und auf den sozialen Medien laufen lassen, sodass die Aufnahmen vom Platz der Freiheit sich mit der Geschwindigkeit eines Lauffeuers unter allen Chersonern verbreiten konnten.

Das war ganz sicher keine spontane Nacht-und-Nebel-Aktion, sondern höchstwahrscheinlich eine von der Blau-Gelben-Bewegung geplante Sache. Sie haben sich bestimmt auch um die vielen ukrainischen Flaggen gekümmert und sie den Teilnehmern in die Hände gedrückt. Um ehrlich zu sein, ich kann mich nicht daran erinnern, wann ich das letzte Mal so viele ukrainische Flaggen an einem Ort in Cherson gesehen habe.

Einige Anführer, die kaum erkennbar waren, weil sie ihre Wollmützen absichtlich bis über die Augenbrauen hinuntergezogen und den Schal bis über die Nase hochgezogen hatten, wandten sich direkt an die Bürger und Bürgerinnen Chersons und forderten uns auf, so schnell wie möglich zum Platz der Freiheit zu kommen, um an der Demonstration teilzunehmen. Die meisten Menschen sitzen eh fast den ganzen Tag zu Hause und gehen nur für das Nötigste vor die Tür, deshalb haben viele den Aufruf gesehen. In einigen Chersoner Gruppen im Netz wurde der Aufruf sogar mehrfach geteilt.

Nach kurzem Überlegen habe ich mich entschieden, auch hinzufahren. Nicht, um dort den großen Patrioten zu spielen, sondern um mir einen Eindruck vor Ort zu machen. Es ist immer etwas ein Unterschied, ob man eine Situation über den Bildschirm mitverfolgt oder sich mittendrin befindet. Es geht hier schließlich auch um meine Heimat. Meine Zukunft. Meine Freiheit.

Aus Schumenskyi ist es mit der Marschrutka Nummer 5[11] gerade einmal eine Fahrt von 20 Minuten zum Platz der Freiheit.

In der Zwischenzeit hatte sich die Lage zugespitzt. Die Russen schienen absolut nicht mehr amüsiert darüber zu sein, dass der ukrainische Patriotismus sich ihnen immer lauter und selbstbewusster entgegenstellte. Dutzende russische Soldaten formierten sich rings um den Platz herum und griffen die Menge aus mehreren Richtungen fast gleichzeitig mit Schlagstöcken an. Auch Reizgas kam massiv zum Einsatz. Zum ersten Mal haben russische Soldaten Gewalt angewandt, um eine zwar provozierende, aber relativ ruhige Demonstration gegen die unerträgliche Situation der Besatzung in Cherson aufzulösen.

Mir ist zum Glück nichts passiert, da ich mich nicht in unmittelbarer Nähe der jüngeren und teils vermummten Demonstranten, die sich auf dem Platz verschanzt hatten und das eigentliche Ziel der Russen waren, aufhielt. Denen wurde richtig übel zugesetzt. Ich konnte mit eigenen Augen sehen, wie einige von ihnen von Soldaten niedergeknüppelt, zu einem Jeep gezerrt und hinten reingeworfen wurden. Das ganze Spektakel dauerte keine 10 Minuten und dann war der Platz der Freiheit menschenleer. Alle rannten um ihr Leben. Das besonders aggressive Auftreten der russischen Truppen sollte, so nehme ich an, abschrecken.

Ich konnte aus sicherem Abstand noch beobachten, wie mehrere Soldaten auf dem Platz geblieben sind. Wahrscheinlich, um dort Wache zu schieben und weitere Menschenansammlungen zu verhindern.

Den Rückweg nach Schumenskyi trat ich zu Fuß an. Ich wollte den Kopf frei bekommen. Zwei der russischen Jeeps fuhren an mir vorbei. Gemeinsam mit ihrer bewusstlos geprügelten »Beute« im Gepäckraum.

Möge Gott ihnen beistehen.

18. MÄRZ 2022
UKRAINER? RUSSE? WAS BIST DU?

Dorogaya Annatschka,

bei Vowa stelle ich mittlerweile fest, dass er sich hier sehr schwertut. Schwerer als ich. Ich weiß nicht, wann ich ihn das letzte Mal lächeln gesehen habe. Alle seine Freunde und sogar seine Freundin Olha, befinden sich schon längst in Österreich oder Moldawien. Sie wundern sich über ihn. Auch deine Mutter in München setzt ihn unter Druck und fordert ihn auf, endlich zu ihr nach Deutschland zu kommen.

Wir beide lieben Cherson. Das ist unsere Stadt. Doch nehmen wir die Realität ein wenig unterschiedlich wahr.

Während mir mehr oder weniger egal ist, ob die ukrainische oder russische Flagge am Rathaus angebracht ist, solange wir unserem normalen Leben nachgehen können, haben die Entwicklungen der letzten drei Wochen tiefe Spuren bei Vowa hinterlassen. Er verflucht die Russen und steht jetzt sogar im Kontakt zur Blau-Gelben-Bewegung. Er ist ein richtiger ukrainischer Patriot geworden. So schnell kann aus jemandem, der 43 Jahre lang weder an Hymnen noch an Flaggen Interesse, hatte, ein glühender Patriot werden. Laut Vowa gibt es kaum noch junge Chersoner, sagen wir im Alter unter 40 Jahren, die nicht gegen die Russen sind und die bereit sind, sich ihnen in den Weg zu stellen, selbst unter lebensgefährlichen Umständen.

Plötzlich sind sie stolz darauf, Ukrainer zu sein. Ich kann nicht wirklich nachvollziehen, worauf genau sie angeblich stolz sind. Es geht aber nicht um Fakten, sondern um Emotionen.

Mir scheint, die russischen Angreifer haben das vollkommen unterschätzt. Sie gingen wahrscheinlich davon aus, dass ihre Truppen beim Einmarsch in die Stadt von Tausenden glücklichen Chersonern mit Blumen beworfen werden. Dass Chersoner sie als Befreier feiern und nicht als Besatzer verfluchen würden.

Doch statt mit Blumen werden sie jetzt mit Steinen beschmissen. Das haben sie nicht kommen sehen. Auch ich bin ein wenig überrascht von dem aufkommenden Patriotismus und auch Nationalismus unter unseren Leuten. Es scheint, als müsse man sich heute entscheiden, ob man Russe oder Ukrainer ist, wo doch das eine und andere über all die Jahre hinweg miteinander verbunden war und nach wie vor ist.

Wir sind zwar in der Ukraine geboren, aber sprechen doch Russisch, also worin genau liegt der Unterschied?

Russland war immer unser großer Bruder. Doch jetzt greift der große Bruder den kleinen Bruder an und geht mit aller Härte gegen ihn vor, um ihm seinen Willen aufzuzwingen.

Die besten Familien würden in so einer Situation auseinandergehen, warum also nicht auch Staaten? Ganz gleich, wie sehr man sich eigentlich ähnelt.

21. MÄRZ 2022
VOWAS UMZUG NACH DEUTSCHLAND

Dorogaya Annatschka,

solange ich das alles nicht allein durchmachen musste, sondern Vowa mit mir unter einem Dach lebte und wir uns gegenseitig Hoffnung auf einen neuen Tag machen konnten, war das Leben noch irgendwie lebenswert.

Vowa gab mir immer das Gefühl von Familie.

Ich hätte nie gedacht, dass er Cherson und mich jemals verlassen wird. Zum ersten Mal in meinem Leben bin ich allein.

Ich habe niemanden mehr.

Denn auch er ist jetzt weg.

Vowa hatte seit Tagen darüber gesprochen, dass er nicht mehr weiterwisse. Sein Büro in der Stadtverwaltung wurde direkt im Anschluss an die russische Invasion auf unbestimmte Zeit geschlossen. Seine Freundin Olha rief ihn unentwegt an und flehte ihn an, ihr nach Österreich zu folgen. Auch seine besten Freunde, die mittlerweile alle nicht mehr in Cherson leben, riefen ihn täglich an und forderten ihn auf, das Land zu verlassen, solange es noch möglich sei. Aber am Ende war es wohl deine Mutter, die Vowa überzeugt hat, seine Sachen zu packen und sich auf den Weg zu ihr nach Deutschland zu begeben.

Du weißt, dass deine Mutter und auch deine Tante Luba, die seit knapp zwanzig Jahren in München leben, schon seit Langem nicht nachvollziehen konnten, warum Vowa ihnen nicht schon längst nach Bayern gefolgt war. Eigentlich haben sie ihm nie abgenommen, dass es ihm in Cherson gut geht und er zufrieden ist. Ihrer Meinung nach verschwendete Vowa sein Leben in der Ukraine. In Deutschland könne er angeblich so viel mehr aus seinem Leben machen.

Seit vielen Jahren haben sie versucht, ihn davon zu überzeugen, nach Deutschland zu ziehen. Sie stießen stets auf taube Ohren. Solange Vowa einen angesehenen und verhältnismäßig gut bezahlten Job in der Stadtverwaltung, eine Freundin, die er liebte, viele gute Freunde, die er seit seiner Kindheit kannte, und einen Karate-Club, in dem er gerne trainierte, in Cherson hatte, gab es keinen Grund für ihn, alles stehen und liegen zu lassen, um in einem neuen Land, dessen Sprache er nicht beherrschte, einen Neuanfang zu riskieren.

Doch die Situation hier hat sich dramatisch verändert.

Vowa hat sich verändert.

Plötzlich holte er zwei Koffer aus dem Keller und fing an zu packen. Ich wusste sofort, dass er es ernst meinte, denn außer ein paar Anziehsachen packte er auch seine Lieblingsdecke aus extra weichem Schafsfell, ein Fotoalbum und seine drei größten Pokale, die er im Laufe der Jahre in Schachturnieren gewonnen hatte, mehr oder weniger sein ganzes Hab und Gut, ein.

Ich half ihm, alles runterzutragen und in seinem Kia zu verstauen. Währenddessen fragte ich ihn, ob er sicher sei, dass er überhaupt aus Cherson rausfahren konnte. Die Russen haben die Stadt schließlich umzingelt und kontrollieren alle Straßen rings um Cherson herum. Vowa meinte daraufhin, dass die Russen fast niemanden nach Cherson reinlassen würden. Raus aus Cherson jedoch lassen sie jeden fahren, wenn er oder sie nur genug Bestechungsgeld anbietet. Vowa meinte, er habe seine Ersparnisse in seine Socken und Unterhose gesteckt. Darüber hinaus hatte er 200 Hryvnia in 20 10-Hryvnia-Scheinen sorgfältig in ein Bündel gepackt und in die rechte Hosentasche gesteckt. Er würde bei der Kontrolle einfach so tun, als sei er überrascht, dann würden sie die Hosentaschen überprüfen lassen und ihren Beutedrang hoffentlich mit den entdeckten 200 Hryvnia stillen.

Zum Abschied umarmten wir uns minutenlang fest. Dabei sprachen wir kein Wort miteinander. Vowa wusste, dass ich Cherson unter keinen Umständen verlassen würde, also gab es nichts mehr zu besprechen. Nach über 43 Jahren trennten sich heute unsere Wege.

Jetzt ist er weg und ich weiß nicht einmal, ob ich ihn jemals wiedersehen werde.

26. MÄRZ 2022

SELPO ZU, WAS NUN?

Dorogaya Annatschka,

Vowa hat es geschafft!

Mir ist ein großer Stein vom Herzen gefallen. Er ist jetzt bei deiner Mutter in München und fängt mit 43 ein neues Leben an. Mir bleibt nichts anderes übrig, als ihm aus der Ferne viel Erfolg dabei zu wünschen. Helfen kann ich ihm von hier aus nicht mehr. Ab sofort ist deine Mutter wieder zuständig für ihn. Und das wird keine einfache Aufgabe sein, weil er kaum ein Wort Deutsch versteht und so schnell wie möglich einen Job finden muss, um deiner Mutter, die von ihrer kleinen Rente lebt, nicht auf der Tasche zu liegen.

In Cherson ist das Leben stehengeblieben. Fast alle großen Supermarktketten, Atb, Grin, Fresh, und sogar unser Selpo in Schumenskyi, sie alle haben über Nacht dichtgemacht. Dass alle gleichzeitig zugemacht haben, ist natürlich kein Zufall. Die russische Administration steckt natürlich dahinter und will uns Chersoner somit in die Mangel nehmen. Sie wollen insbesondere der Blau-Gelben-Bewegung zeigen, dass jeder Widerstand vonseiten der Ukrainer hart bestraft wird. Sie sind bereit, uns alle dafür bluten zu lassen, wenn sie in ihrer Cherson-Operation gestört werden.

Ihnen scheint ganz offensichtlich vollkommen egal zu sein, wie wir an unser Essen und Trinken gelangen und wer von uns überlebt.

Das finde ich sehr enttäuschend. Ich habe immer zu Russland aufgeschaut. Jeder Antifaschist, der sich im kommunistischen Lager wohlfühlt, nimmt Russland als eine Art Vorbild wahr. Für mich sind die Sowjetunion und somit über Umwege auch ihr Nachfolger Russland der Grund dafür, warum ich heute überhaupt noch am Leben bin. Denn hätten sie die Deutschen damals nicht besiegt, dann gäbe es heute weder mich noch dich.

Was die Russen jedoch hier in Cherson machen, hat nichts, rein gar nichts mit Kommunismus zu tun. Um ehrlich zu sein, es erinnert eher an das Vorgehen von Faschisten. Denn sie sind nicht nach Cherson gekommen, um uns zu helfen.

Sie sind hier, um uns auszubeuten. Sie wollen uns beherrschen.

Seit über einem Monat befindet sich Cherson nun schon im Ausnahmezustand. Jetzt sind die Supermärkte zu. Ich hätte nie gedacht, dass ich eines Tages Angst vor dem Verhungern haben würde.

2. APRIL 2022
MIT DER MARSCHRUTKA ZUM ZENTRALEN MARKTPLATZ

Dorogaya Annatschka,

die Supermärkte haben seit knapp einer Woche geschlossen. Meine Reserven sind fast aufgebraucht: Ich habe keine Kartoffeln und keine Konserven mehr. Ich ernähre mich nur noch von Gretchka[12], das ich zum Glück noch reichlich vorrätig habe. Sicherheitshalber bereite ich mir nur noch eine kleine Mahlzeit am Tag zu. Zumindest weiß ich, dass es uns allen hier so geht und ganz Cherson wie eine große Familie dieselben harten Zeiten durchmacht.

Jeden Nachmittag treffen wir uns bei einem der Nachbarn im Häuserblock und teilen die neuesten Nachrichten miteinander. Vor 18 Uhr müssen wir dann aufgrund der Ausgangssperre wieder zurück in unseren eigenen vier Wänden sein. Russen und Tschetschenen patrouillieren zunehmend auch durch Schumenskyi und keiner von uns will das Risiko eingehen, zu ihrer Zielscheibe zu werden.

Gestern kamen wir bei Alona und Boris aus dem 1. Stock zusammen. Sie haben eine Runde Wodka ausgeschenkt und es gab hausgemachten Borschtsch. Mit von der Partie waren auch das Ehepaar Ira und Sascha, die im Nachbarhaus wohnen, und Pascha, ein Kriegsveteran, der vor 1990 im Auftrag der Sowjetunion im gesamten osteuropäischen Raum eingesetzt war. Wir waren somit zu sechst. Es war eine sehr gemütliche Runde, fast wie in alten Zeiten.

Anfangs war die Stimmung noch ein wenig betrübt, aber schon nach dem ersten Gläschen fing Pascha an, über vergangene Heldentaten zu berichten. Er hat an die Sowjetunion geglaubt. Er stand felsenfest hinter ihr. Doch das habe sich seit dem Angriff auf die Ukraine geändert, meinte er. Jetzt verspüre er nur noch Hass und Abneigung. Pascha meinte, es sei für ihn in etwa so, als hätte ihn sein großes Vorbild verraten. Der Schock sitzt tief. Darüber komme man nicht hinweg, so Pascha. Sein großes Vorbild, die Sowjetunion beziehungsweise Russland, hatte ihn mit dem Angriff auf die Ukraine und Cherson zutiefst enttäuscht.

Uns bliebe derzeit nur, so gut wie möglich mit der neuen Realität umzugehen und uns ihr anzupassen.

Uns bleibt also nur zu warten, bis der Sturm vorüber ist. Mit der Hoffnung, dass er irgendwann einmal vorüber sein wird.

Der Borschtsch war reich an Zutaten und tat wirklich gut. Nach einer Woche Gretchka und trockenem Brot, war das die reinste Feinschmecker-Mahlzeit, und das, obwohl es sich eigentlich »nur« um die herkömmlichste aller Suppen handelte. Eine Mahlzeit, die uns unser ganzes Leben immer und überall serviert wurde und die sich selbst die Ärmsten immer leisten konnten. Eine einfache Mahlzeit, die in diesen Tagen zu einem Luxusprodukt emporgestiegen ist.

Ich war eigentlich davon überzeugt, dass alle Chersoner Supermärkte von den Russen geschlossen worden seien, doch ganz offensichtlich lag ich mit meiner Annahme falsch, denn Alonas Borschtsch war voll mit frischem Gemüse. So fragte ich Alona, welchen Geheimtipp sie denn für mich hätte, denn früher oder später würde auch mein Gretchka zu Ende gehen und ich würde sehr ungern ausschließlich von trockenem Brot leben wollen.

Sie lächelte mich an und antwortete: »Dorogoy Juri, du scheinst verpasst zu haben, dass Cherson sich zurück ins Mittelalter entwickelt. Früher gab es doch auch keine Supermärkte. Wo haben die Menschen damals eingekauft? Auf dem Wochenmarkt. Dort erhältst du zwar nicht alle Produkte, aber du kannst zumindest problemlos Gemüse, Obst und Eier einkaufen. Steig einfach in Schumenskyi in den Trolebus Nummer 9,[13] er fährt direkt zum Markteingang.«

Gesagt, getan. Heute war ich schon früh aus dem Haus, um mir mit meinem letzten Geld Kartoffeln und Eier auf dem Markt zu besorgen. Der Trolebus kam nicht, also nahm ich die Marschrutka. Zeit habe ich die Tage eh wie Sand am Meer, also spielt es absolut keine Rolle, wie schnell ich von A nach B und wieder zurückkomme. Niemand wartet schließlich zu Hause auf mich.

Der Marktplatz war überlaufen von Menschen. So eine Menschenansammlung habe ich zum letzten Mal bei der Demonstration auf dem Platz der Freiheit gesehen. Seit dem Brand in der Fabrika und dem harten Vorgehen der Russen gegen ukrainische Demonstranten ist es jedoch wesentlich ruhiger geworden in der Stadt. Umso wohltuender war dieser Anblick, der mich an meine Kindheit in Cherson erinnerte. In den 1950er- und 1960er-Jahren gab es noch keine Einkaufszentren in der Stadt und deine Großeltern nahmen mich oft mit auf den Marktplatz. Was ich heute vor Augen hatte, war, als hätte eine Zeitmaschine mich in die Vergangenheit zurückkatapultiert.

Überall auf dem Markt standen Geldwechsler herum. Man erkennt sie an ihren großen Beuteltaschen und dem Kreis an Leuten um sie herum, die sie von allen Seiten belagern. Bei ihnen kann man Geld von einem Chersoner Konto auf ein anderes Konto außerhalb überweisen, und sich die überwiesene Summe dann vor

Ort von ihnen in bar auszahlen lassen. Die Konten außerhalb von Cherson, in Gebieten, die sich nicht unter der russischen Besatzung befinden, gehören Arbeitskollegen von den Chersoner Geldwechslern. Der Geldwechsler und sein Kollege außerhalb Chersons verdienen an einer, wenn du so willst, Arbeitsgebühr, die sie in Höhe von 10 Prozent auf jede Transaktion verhängen. Bedeutet, für 1000 Hryvnia, die ich heute auf ein fremdes Konto überwiesen habe, wurden mir vom Geldwechsler 900 Hryvnia in bar in die Hände gedrückt. Das ist eine ziemlich hohe »Arbeitsgebühr« für kaum verrichtete Arbeit, aber es ist mittlerweile der einzige Weg, um an Bargeld zu gelangen, und das habe ich bitter nötig, um mir weiterhin das Nötigste besorgen zu können.

Man könnte sagen, die Geldwechsler sind die neuen Bankautomaten der Stadt.

Extreme und lebensgefährliche Situationen scheinen uns Menschen dazu zu bringen, besondere Maßnahmen zu ergreifen, um am Leben bleiben zu können. Deine Großeltern haben damals den Holocaust überlebt. Jahrelang haben sie mit der Angst leben müssen, von ukrainischen Nationalisten, die mit den deutschen Nazis kooperiert haben, erwischt und ermordet zu werden. Einige ihrer Brüder und Schwestern haben die Zeit nicht überlebt.

Es ist mir ein Rätsel, wie sie jahrelang im Krieg gelebt und überlebt haben, wenn ich gerade einmal nach nicht einmal zwei Monaten der Verzweiflung nahe bin.

12. APRIL 2022
KEINE VERBINDUNG UNTER DIESER NUMMER

Dorogaya Annatschka,

du hast ein paar harte Tage durchmachen müssen und das tut mir so unendlich leid! Ich habe es überhaupt nicht kommen sehen.

Aus dem nichts wurden wir hier überrascht, als plötzlich das ukrainische Telefonnetz abgeschaltet und durch das russische Netz ersetzt wurde. Tagelang konnte ich nicht ins Internet und war auch nicht erreichbar. Jeder noch so verzweifelte Versuch, deinen Bruder in Deutschland oder dich in Israel anzurufen, scheiterte.

Da die Nachbarn dasselbe Problem hatten, ging ich zuerst davon aus, dass es sich wieder um eine Art kollektive Bestrafung handelte. Doch als das Telefon dann wieder funktionierte, aber eben über den russischen Anbieter, verstand ich erst, dass es sich nur um einen weiteren Schritt in Richtung Russifizierung Chersons handelte.

Du konntest mich deshalb nicht erreichen und hast dir Sorgen um mein Wohlbefinden gemacht. Noch viel Schlimmeres musste dein großer Bruder durchmachen.

Vowa ruft mich fast jeden Abend kurz an. An einem der Abende kam er nicht durch und wunderte sich. Er versuchte es immer wieder, bis letztendlich jemand den Hörer abnahm:

Vowa: »Priviet Papa, hörst du mich? Die Verbindung scheint schlechter geworden zu sein.«

Fremde Frau: »Nein, hier ist nicht dein Vater. Du brauchst hier nicht mehr anzurufen.«

Vowa: »Moment, wer sind Sie? Was ist mit meinem Vater passiert?«

Fremde Frau: »Ruf nicht mehr an!«

Die fremde Frau legte daraufhin den Hörer auf und Vowa rutschte das Herz in die Hose. Der gesunde Menschenverstand sagte ihm, dass mir etwas Schlimmes zugestoßen war. Er erzählte mir, dass ihm vieles durch den Kopf ging. Dann wählte er wieder meine Nummer und noch einmal und ein wiederholtes Mal, bis am Ende dieselbe Frau wieder den Hörer abnahm:

Vowa: »Hallo, bitte legen Sie nicht auf. Ich will nur verstehen, was mit meinem Vater passiert ist. Bitte sagen Sie es mir. Wie ist die Lage in Cherson?«

Nach einer kurzen Pause antwortete die fremde Frau plötzlich in einem freundlicheren Ton:

»Ich weiß nicht, was genau passiert ist, aber das Telefonnetz ist komplett auf den Kopf gestellt worden und man kann niemanden mehr unter der alten ukrainischen Nummer erreichen. Ich weiß nicht, wer dein Vater ist und wie es ihm geht. Ich wohne auch nicht in Cherson, sondern in Kiew. Es tut mir leid, dass ich nicht helfen kann.«

Das beruhigte Vowa einerseits ein klein wenig, weil niemand Fremdes meine Wohnung übernommen und mir etwas Schlimmes angetan hatte, sondern »nur« ein neues Telefonnetz installiert wurde. Andererseits machte Vowa sich jetzt Sorgen, dass er mich nicht mehr erreichen konnte, zumindest so lange nicht, bis ich ihm meine neue Nummer durchgegeben hatte.

Es dauerte ein paar Tage, bis auch ich an eine neue Nummer kam. Die Russen haben mehrere Bankfilialen in der Innenstadt zu Telefongeschäften umkonstruiert. Sprich sie haben die Banktüren geöffnet, um uns Chersonern eine neue SIM-Karte für das russische Telefonnetz zu überreichen. Und das umsonst. Sie wollten dafür keine Bezahlung.

Du kannst dir vorstellen, was da los war und wie lange man anstehen musste, bis man an die Reihe kam. Ich hatte Glück, dass ich am dritten Tag kurz vor Schließung der Banken, kurz vor der Ausgangssperre, eine neue Karte bekam und mit ihr sowohl dich als auch Vowa endlich anrufen konnte.

Das Leben geht weiter. Ab sofort mit einer russischen Nummer.

15. APRIL 2022

MIT DER TÜTE ÜBER DEM KOPF ABGEFÜHRT

Dorogaya Annatschka,

das Leben geht weiter. Aber leider nicht mehr wie vorher.

Seit fast zwei Monaten befinde ich mich und befindet sich mit mir ganz Cherson in dieser Kriegssituation, die über uns hereingebrochen ist. Wir fühlen uns zunehmend unserer Freiheit beraubt.

Das Internationale Rote Kreuz hat jetzt auch Cherson als Krisenzone entdeckt und Freiwillige abgesandt, um den Menschen hier zu helfen. Sie haben ihr Lager in der Moskovskaja Straße 30 aufgebaut und brauchen dringend Unterstützung aus der Bevölkerung, um überhaupt in der Lage sein zu können, den Menschen unter die Arme zu greifen.

Das ist leichter gesagt als getan, weil eine gewisse Angst in der Luft liegt. Niemand will sich mit den Russen und ihren tschetschenischen Schergen anlegen. Es hat sich herumgesprochen, dass Chersoner, die als vermeintliche Widerständler oder Saboteure der neuen russischen Administration wahrgenommen werden, einfach mal so abgeholt werden und niemand weiß, was mit ihnen passiert.

Diese sogenannten Saboteure werden auch nicht diskret mitten in der Nacht abgeholt, damit ja niemand davon mitbekommt, sondern im Gegenteil am helllichten Tag und mit einer Tüte über dem Kopf aus ihren Wohnungen abgeführt.

Man könnte sagen so medienwirksam wie nur möglich, damit es sich schnell herumspricht, damit alle davon hören und wissen, was sie erwartet, wenn sie als Problem identifiziert werden.

Es kursieren mittlerweile Schreckensgeschichten über brutale Folterungen im von den Russen übernommenen Polizeihauptquartier. Die Rede ist auch von Mord und Totschlag. Manch einer wird wahrscheinlich nie wieder nach Hause kommen.

Das ist die hässliche Fratze des Krieges.

Nichtsdestotrotz habe ich mich beim Roten Kreuz gemeldet, um etwas Sinnvolles zu machen. Seit zwei Monaten mache ich mir in erster Linie Sorgen um mein Leben und Überleben, und das ist reinste Folter. Lieber gehe ich das Risiko ein, dass ich mit den Russen konfrontiert werde, als dass ich weiterhin, wenn der Tag lang ist und ich viele Stunden allein bin und nur auf kahle Wände glotze, meine Hirnfunktion mit negativen Gedanken überstrapaziere.

17. APRIL 2022

IM VISIER DES KGB

Dorogaya Annatschka,

die Jagdsaison ist eröffnet.

Ukrainische Kollaborateure haben für die Russen Namenslisten von Chersonern erstellt, die in die Mangel genommen werden sollen. Richter, Politiker, Polizisten und Armeeangehörige – falls sie sich noch in der Stadt aufhalten sollten, dann werden sie schon bald eine Tüte über den Kopf gezogen bekommen und erst wieder in einer Folterkammer die Augen öffnen können.

Der russische Geheimdienst ist aktiv geworden und könnte jederzeit auch vor meiner Tür stehen. Nicht weil ich irgendjemandem irgendetwas getan hätte, aber weil sich vielleicht jemand, der den neuen Herren gefallen will, über meinen Einsatz beim Internationalen Roten Kreuz beschwert hat und das Grund genug sein könnte, mich abzuholen.

Ab sofort wird es hier so zugehen wie im ehemaligen Ostdeutschland unter der Stasi.

Es werden überall Menschen verhört und Wohnungen und insbesondere Garagen durchsucht, um Waffenlager aufzudecken.

Bis vor Kurzem hatte ich nur Angst, auf der Straße ins Visier einer tschetschenischen Patrouille zu geraten. Jetzt kommt eine ständige Angst auch in den eigenen vier Wänden hinzu. Jederzeit könnte es klingeln. Jederzeit könnte ich überrascht werden. Weder draußen noch drinnen kann ich mir meines Lebens sicher sein.

Dass der russische Geheimdienst mittlerweile Chersoner verhört, habe ich nicht über die sozialen Netzwerke mitgekriegt. Olena, eine meiner Nachbarinnen, die seit vielen Jahren als Ärztin im Oblastnoi-Krankenhaus arbeitet, wurde von den Geheimdienstlern aufgesucht. Zwei Männer in Anzügen standen plötzlich vor ihrer Tür und baten Olena, ihr ein paar Fragen stellen zu dürfen. Sie fragten Olena nicht einmal, ob sie ihre Wohnung betreten dürften, sondern liefen einfach direkt rein und nahmen im Wohnzimmer Platz.

Olena bekam eine Panikattacke und fing an zu stottern, woraufhin die zwei Männer vermuteten, dass Olena ganz offensichtlich etwas zu verbergen hatte, und ihren zuvor eher höflichen in einen aggressiven und lauten Tonfall änderten. Olena wurde in einem mehrstündigen Verhör gezwungen, den Männern ihr gesamtes Leben zu schildern. Und das in ihrer eigenen Wohnung! Besonders wichtig schien ihnen zu sein, so viele Namen wie nur möglich von wichtigen Ärzten und Abteilungsleitern in den Chersoner Krankenhäusern aus ihr herauszubekommen. Einer der Männer stellte die Fragen, während der zweite Mann alles fleißig notierte.

Sie hatten es nicht auf Olena abgesehen. Sie hatte Glück im Unglück, dass sie ihnen nur als Quelle dienen sollte und das eigentliche Ziel der Geheimdienstler, zumindest in ihrem Fall, nur die Informationsansammlung war.

Olena wurde somit zwar nicht mit einer über den Kopf gezogenen Tüte aus der eigenen Wohnung abgeführt, aber dieser traumatische Zwischenfall wird sie garantiert noch lange begleiten.

22. APRIL 2022
FAST BLIND

Dorogaya Annatschka,

glaub mir, ich habe alle Apotheken der Stadt abgegrast. Teilweise musste ich stundenlang draußen in der Kälte und im strömenden Regen anstehen, bis ich endlich drankam und mir zum wiederholten Mal anhören musste, dass die medizinischen Augentropfen, die ich so dringend benötige, ausgegangen, und auch nicht mehr im Lager vorrätig seien.

Es tue ihnen leid, mir nicht weiterhelfen zu können. Ich erklärte den Apothekerinnen, dass ich meine letzte Augentropfen-Flasche schon geöffnet hatte und es nur eine Frage der Zeit sei, bis ich ohne Augentropfen dastehen würde.

Natürlich konnten sie nachvollziehen, in welch einer problematischen Situation ich mich befand, doch hatten sie keine Hoffnung, dass die Russen in näherer Zukunft die Einfuhr von Medikamenten erlauben würden. Der einzige denkbare Weg, an Medikamente zu gelangen, sei über hilfsbereite Bekannte, die sich im Ausland befinden und die Augentropfen erwerben und dann durch Mitglieder von internationalen Hilfsorganisationen in die Ukraine schmuggeln zu lassen.

Über deine Mutter habe ich Vowa erreicht und ihn gebeten, sich die Augentropfen in München verschreiben zu lassen. In Deutschland gibt es doch Medikamente wie Sand am Meer und alles ist auch relativ günstig zu erwerben. Uns bleibt dann nur noch die Herausforderung, jemanden zu finden, der bereit ist, die Medikamente aus Deutschland in die Ukraine zu bringen und innerhalb der Ukraine bis runter und rein nach Cherson im Süden.

So hatte ich es mir zumindest vorgestellt. Doch leider weigerten sich mehrere von Vowa kontaktierte Ärzte, ein Attest auszuschreiben und mit ihrem Namen zu unterschreiben, solange sie den Patienten nicht persönlich kennen. Vowa versuchte ihnen zu erklären, dass es sich um seinen Vater handelte, der im besetzten Cherson lebte und dort von der Außenwelt abgeschottet war. Er ließ sie wissen, dass die Russen alle Straßen rein nach Cherson und raus aus Cherson kontrollierten und keine Medikamente passieren ließen. Dass die Apotheken fast leer waren und selbst die Lager keine Vorräte mehr hatten.

Alle drei deutschen Ärzte, so Vowa, zeigten großes Mitgefühl und Besorgnis, waren aber nicht bereit, ihre professionellen Richtlinien zu überschreiten.

So bleibt mir keine andere Wahl, als dich um Hilfe zu bitten.

27. APRIL 2022
DER ANSCHLUSS

Dorogaya Annatschka,

es ist vollendet.

Putin hat Cherson jetzt formal Russland angeschlossen. In einer heute durchgeführten, angeblich freien, Volksabstimmung, hat laut russischer Medien eine klare Mehrheit von über 90 Prozent der Bürger und Bürgerinnen Chersons den Wunsch geäußert, Russland und nicht der Ukraine anzugehören.

Das ist ein nicht rückgängig zu machender Schritt.

Ab heute lebe ich unter russischer Herrschaft.

TEIL II

4. MAI 2022
NEUER ALLTAG IN SCHUMENSKYI

Dorogaya Annatschka,

Ruhe ist eingekehrt. Na ja, relative Ruhe. Zumindest können wir uns wieder mehr oder weniger normal in unserer Stadt bewegen.

Doch was bedeutet schon »normal« heutzutage? Mir scheint, wir leben seit einigen Tagen in einem neuen Normal. Einem russischen Normal.

Tatsächlich hat es keine zwei Tage gedauert, um nach dem Anschluss so schnell wie nur möglich Fakten zu schaffen.

Selpo ist jetzt wieder geöffnet, jedoch unter dem neuen russischen Namen Siti’i Market. Unsere Zeitungen *Novi’i Den*, *Hryvna* und *Iz Ruk V-Ruki* wurden abgeschafft und an ihrer Stelle die russischen Zeitungen *Komsomolskaja Pravda* und *Nadjepranskaja Pravda* eingeführt. Über 15 russische Fernsehkanäle und auch russisches Radio stehen uns problemlos zur Verfügung. Der einzige nicht-russische Fernsehkanal, der nach wie vor weitersendet, ist *Tavria*. Ich nehme an, dass der Kanal fest in russischer Hand ist und deshalb seit der russischen Invasion ungestört und pausenlos weitersenden konnte.

Auch auf der Straße fühlt man sich nicht mehr bedroht. Die Tschetschenen sind ab sofort für Polizeiaufgaben in der Stadt zuständig. Sie machen tatsächlich einen auf unseren neuen Freund und Helfer. Sind freundlich und zuvorkommend. Von russischen Soldaten in Uniform ist kaum noch eine Spur. Es wirkt, als seien sie weitergezogen, um woanders Gebiete einzunehmen. Hier in Cherson scheint es nur noch Angestellte der russischen Administration zu geben, die so wenig wie nur möglich ins Leben der Leute reingrätschen. Zumindest solange es so läuft, wie vom Kreml vorgeschrieben und erwartet.

Halte mich bitte nicht für naiv. Natürlich weiß ich, dass der russische Geheimdienst und wahrscheinlich Hunderte russische Soldaten in Zivil in Cherson unterwegs sind und uns auf Schritt und Tritt beobachten. Davon gehe ich ganz fest aus. Es wäre absurd, wenn es nicht so wäre. Auch ich habe einmal gedient und weiß das eine oder andere über Krieg und Frieden.

Jedoch hat sich die Atmosphäre in den letzten Tagen geändert. Als hätte man die Schlinge um unseren Hals ein wenig gelockert und uns erlaubt, ein wenig besser beziehungsweise freier atmen zu können.

Menschen schauen jetzt auch hin und wieder mal nach rechts und links und nicht nur starr geradeaus.

Menschen stehen auf der Straße und unterhalten sich.

Und weißt du was, es gibt sogar Menschen, die wieder lachen können. Schon mehrmals habe ich lachende Menschen gesehen. Sie scheinen sich an das neue Normal gewöhnt zu haben und sind glücklich darüber, dass sie am Leben sind und ein gewisser Alltag, in dem man leben kann, wieder einkehrt.

---

6. MAI 2022

MEHR SCHEIN ALS SEIN IN DEUTSCHLAND

Dorogaya Annatschka,

Ruslan Onichenko, mein bester Freund aus Kindheitstagen, ich hatte dir von ihm erzählt, hat sich mittlerweile auch in Deutschland niedergelassen. In der Stadt Chemnitz, einst genannt Karl-Marx-Stadt in der ehemaligen DDR, im Osten der Bundesrepublik, lebt er jetzt in einer Wohnanlage, die nur Flüchtlinge und Neueinwanderer beherbergt. Unter seinen Mitbewohnern befinden sich vor allem Ukrainer, aber auch Afghanen und Syrer.

Wir hatten vor Kurzem ein sehr langes Telefongespräch. Ich wollte hören, wie es ihm so geht und ob er vorhat, bald in die Heimat zurückzukehren, jetzt wo in Cherson wieder ein gewisser Alltag eingekehrt ist.

Zu meinem Erstaunen scheint es Ruslan nicht unbedingt besser zu gehen.

Ruslan veranschaulichte mir, wie schwierig sein neues Leben weit weg von der Heimat sei. Er nannte es »ein Leben ohne Herz«. Er wisse auch nicht mehr so recht, wie es weitergehen sollte, und das obwohl er eigentlich davon ausging, dass er einen sicheren Hafen erreicht hatte. Ganz so gut gehe es ihm dort jedoch nicht. Er hatte schon mehrmals Wortgefechte mit seinen afghanischen und syrischen Nachbarn. Die Kommunikation sei äußerst schwierig, da kaum jemand Englisch spreche und die paar Brocken Deutsch, die sie in den letzten Wochen und Monaten gelernt hatten, noch nicht ausreichend seien, um sich wirklich zu verständigen. So gerät Ruslan fast täglich in Situationen hinein, die eher mit Mimik und Gestik, statt mit Worten »besprochen« und geklärt werden. In einem Fall wurden seine afghanischen Nachbarn sogar handgreiflich, nachdem sie ihn beschuldigt hatten, mit der Ehefrau eines Afghanen geflirtet zu haben. Ruslan meinte, dass das natürlich absoluter Schwachsinn sei, doch eine Backpfeife hat er dennoch kassiert.

Seitdem versucht er, einen gewissen Abstand zu seinen afghanischen und syrischen Nachbarn im Auffanglager zu halten. Sicherheitshalber vermeidet er Augenkontakt zu den Frauen, um auf Nummer sicher zu gehen, dass es zu keinen weiteren unangenehmen Missverständnissen kommt.

Glücklicherweise hat Ruslan auch ukrainische Mitbewohner aus Kiew, Kharkiv, Odessa und sogar ein junges Paar aus Cherson. Im Gegensatz zu ihren afghanischen und syrischen Mitbewohnern wollen alle Ukrainer so schnell wie möglich zurück in die Heimat, deshalb sind die meisten auch nicht so ganz bei der Sache, wenn es ums Deutschlernen geht. Man geht davon aus, dass die Ukraine schon bald befreit sein wird und man nach einem kurzen Abstecher in Deutschland sein Leben wieder in der Ukraine fortsetzen kann.

Ganz so schnell, wie viele anfänglich gehofft hatten, wird eine Rückkehr jedoch nicht möglich sein, denn die Russen greifen im Norden und Osten der Ukraine an, und im Süden haben sie schon Gebiete, so wie Cherson, vollständig eingenommen. Ruslan wolle unter keinen Umständen in ein von den Russen besetztes Cherson zurückkehren. Er sagte, er sei bereit, noch ein paar Monate Geduld zu haben und das Ganze aus der Ferne zu beobachten.

Zwischenzeitlich ist der russisch-ukrainische Konflikt auch in Chemnitz angekommen. Ruslan hat mir nämlich erzählt, dass es in Chemnitz auch eine relativ große Gemeinde von Menschen aus der ehemaligen Sowjetunion gibt, viele aus Kasachstan, die oftmals der Meinung sind, dass die ukrainische Führung aus »Nationalisten« besteht, die mit ihrer anti-russischen Rhetorik und Unterdrückung der russischen Minderheit in der Ukraine den russischen Kulturraum verraten haben und somit Putin keine andere Wahl gelassen hätten, als die Ordnung in der Ukraine wieder herzustellen.

Das seien eindeutig nationalistische Russen, die aber schon seit Dutzenden Jahren in Deutschland leben, teilweise sogar in Chemnitz zur Welt gekommen sind, und es deshalb umso erstaunlicher sei, so Ruslan, mit welcher Überzeugung sie hinter den Machenschaften Putins stehen.

Das eine hat leider auch in Chemnitz zum anderen geführt. So haben sich Dutzende ukrainische Flüchtlinge zusammengeschlossen und sind jetzt auch bereit, Gewalt anzuwenden, falls Afghanen, Syrer oder Russen sie anpöbeln sollten.

Ruslan meinte, dass er auch ein wenig verwirrt sei in Bezug auf die Deutschen. Sie hätten zwar ihre Tore geöffnet und mit voller Überzeugung »Refugees Welcome« gesagt, und dafür könne man als Flüchtling aus einem Kriegsgebiet eigentlich nur dankbar sein. Doch wahre Liebe und Fürsorge stecke da nicht wirklich dahinter. Es scheine eher so, als wollten viele Deutsche auch 80 Jahre nach dem Zweiten Weltkrieg nach wie vor der Welt beweisen, dass sie aus ihrer Vergangenheit gelernt haben. Dass sie heute, statt Menschen aufgrund ihrer anderen Herkunft zu diskriminieren und zu ermorden, ein sicheres neues Leben in Deutschland »schenken« können. Somit seien all die vielen Flüchtlinge, die Deutschland reinlässt, eine große Streicheleinheit für die deutsche Seele.

Doch das alles sei mehr Schein als Sein, denn auf den Straßen Deutschlands fühle man von der Gastfreundlichkeit nichts. Absolut gar nichts. Im Gegenteil, man lebe aneinander vorbei. Es würden kaum Brücken zwischen den Neuankömmlingen und der deutschen Gesellschaft gebaut. Die Deutschen blieben in der Regel lieber unter sich. Ruslan meint, dass sie vielleicht glauben, dass alle Flüchtlinge schon bald wieder weg sind und sich eine Brückenbildung nicht wirklich lohnen würde.

Das mag im Fall der Ukrainer stimmen, doch ganz sicherlich trifft diese Logik nicht auf die Afghanen und Syrer zu. Ein kurzer Blick in die deutsche Vergangenheit der Nachkriegszeit sollte eigentlich Antwort geben. Die türkischen Gastarbeiter sind geblieben. Arabische Flüchtlinge aus dem Libanon und Syrien sind geblieben. Bosnier, Albaner, und Tschetschenen sind geblieben. Afrikaner sind geblieben.

Ruslan betet täglich, dass Cherson wieder frei wird. Er ist sich sicher, dass er in Deutschland niemals glücklich werden wird. Ich kann das nachvollziehen und bin, so verrückt es klingen mag, glücklich darüber, mit Herz in einem besetzten Cherson zu leben, statt ohne Herz weit weg von der Heimat leben zu müssen.

7. MAI 2022
TUSOFKA IM ›ALEXANDER SCHANZ‹

Dorogaya Annatschka,

ich weiß nicht, ob ich dankbar dafür sein sollte, dass ich aufgrund der russischen Propagandamaschine so gut wie nichts von der Sicherheitssituation in deiner Heimat Israel mitbekomme, oder ob ich die Russen in alle Ewigkeit dafür verfluchen sollte, dass ich keinen Einblick habe, wie es dir wirklich geht und ob du in Sicherheit bist.

Vielleicht ist es manchmal gescheiter, nicht informiert zu sein. Besonders hilfreich könnte ich in meiner Lage hier eh nicht sein.

Wie dem auch sei, du tust immer so, als sei alles vollkommen ruhig in und um Israel herum, was natürlich nicht ganz realistisch klingt. Krieg und Terror gehören doch in Israel schließlich zum Alltag, und das seit seiner Neugeburt 1948, oder etwa nicht? Du lebst seit vielen Jahren schon in einer, sagen wir mal ziemlich herausfordernden Realität, wo man immer auf alles gefasst sein muss und eine starke und selbstbewusste Gesellschaft und Armee der Garant dafür sind, dass die palästinensischen Terrorbanden ihrem Ziel, euch ins Meer zu verjagen, nicht einen Millimeter näherkommen.

Du willst nicht, dass ich mich um dich sorge. Das kann ich nachvollziehen. Beruhigen tut es mich jedoch nicht. Doch was bleibt mir übrig, als zu hoffen, dass es dir dort gut geht und auch du dir nicht allzu viele Sorgen um mich machst. Weiterhelfen würdest du mir damit sowieso nicht, auch wenn ich zugeben muss, dass es mir schmeichelt zu hören, dass sich jemand, mein eigenes Fleisch und Blut, um mich sorgt, besonders nachdem Vowa und Ruslan nicht mehr hier sind.

Zugegeben, ich fühle mich ziemlich allein. Mit wem kann ich meine Gedanken teilen? Mittlerweile in erster Linie mit Alona und Boris aus dem 1. Stock, wo ich fast jeden Nachmittag bin und wir uns gegenseitig das Herz ausschütten. Fast mein ganzes Leben kenne ich Boris und Alona vom Hallo-Sagen. Nie ergab sich die Gelegenheit ins Gespräch zu kommen. Bis vor wenigen Wochen waren sie wie Fremde für mich. Plötzlich sind sie ein Kissen, wenn ich meinen Kopf ausruhen will und ein Ohr, wenn ich meine Gedanken loswerden will.

Doch nicht alles kann ich mit ihnen teilen. Sie sind nun mal nicht Ruslan, Vowa oder du. Es sind vor allem die Telefongespräche mit euch und meine Tagebucheinträge, auch wenn ich nicht weiß, ob du sie jemals zu lesen bekommen wirst, die derzeit die Höhepunkte in meinem Leben darstellen.

Momente der Depression vermehren sich. Frust über diese neuen Umstände, unter denen ich gezwungen bin, in meiner Heimat zu leben, bereiten mir tägliche Kopfschmerzen. Ich habe entschieden, mich nicht gehen zu lassen und nicht ins Depressive abzugleiten. Habe mich auf die Suche nach dem halbvollen Glas gemacht, beziehungsweise den positiven Elementen unserer Lage, und bin zu der Erkenntnis gekommen, dass ich mich, so oft es nur geht und so lange das Geld reicht, unter das Volk mischen, und wenn möglich auch mal feiern muss.

Es ist ein wenig so, als würde ich mich besaufen, um den Frust, die Depressionen und vor allem das Alleinsein für einen gewissen Zeitraum zu vergessen. Einfach wieder normal lachen. Einfach wieder normal ausgehen.

Olena, du weißt, die Ärztin im Oblastnoi-Krankenhaus, die vom russischen Geheimdienst verhört wurde, scheint eine ähnliche Wahrnehmung wie ich zu haben. Sie ist seit vielen Jahren geschieden und ihre Tochter lebt seit einigen Jahren in New York. In Cherson hat sie nur ihren Beruf, der ihr wichtig ist, doch ein Kissen oder Ohr sind die Patienten ihr nicht. So haben wir uns für heute zum Mittagessen verabredet und sind gemeinsam in die Stadt gefahren, um uns in ein Restaurant zu setzen. Wir waren uns einig, dass wir eine dringende Auszeit benötigen. Eine Auszeit vor allem von der pausenlosen Verarbeitung Tausender negativer Gedanken über unser neues Leben in Cherson.

Das ›Muskat‹ und das ›Troika‹ waren leider geschlossen, also machten wir uns auf den Weg zum ›Zepelin‹, das zwar geöffnet war, jedoch keine freien Plätze mehr hatte. Von einer Empfangsdame wurde uns gesagt, wir hätten Plätze reservieren müssen. Das Restaurant sei jetzt angeblich eine äußerst populäre Adresse für viele Chersoner, und ohne Reservierung sei es kaum möglich, spontan Plätze zu ergattern.

Ich wusste nicht so recht, was ich davon halten sollte. Auch Olena schien sichtlich irritiert zu sein. Wie kommt es, dass es im Umkreis von wenigen hundert Metern Restaurants gibt, die plötzlich geschlossen sind, während andere Restaurants so populär sind, dass man vorher Sitzplätze reservieren muss? Ich habe dafür nur eine einzige plausible Erklärung: Restaurants, die es geschafft haben, sich über Wasser zu halten, haben dies nicht aufgrund ihrer besseren Küche oder ihrer freundlicheren Kellnerinnen geschafft, sondern durch die Zusammenarbeit mit den russischen Besatzern. Denn auch die russischen Soldaten, Beamten, Geheimdienstler, Gott weiß wie viele von ihnen sich schon in Cherson angesiedelt haben, wollen im Endeffekt gut essen gehen können und sind somit angewiesen auf das Sich-über-Wasser-Halten einiger auserwählter Restaurants.

So wäscht die eine Hand die andere.

Eine klassische Win-win-Situation.

Der ukrainische Restaurantbesitzer kann sein Leben mehr oder wenig »normal« weiterführen und sein Geld verdienen, und den russischen Besatzern steht eine Art Mensa zur Verfügung, die sie, weit weg von ihrer Heimat, durchfüttert.

Gedanken über Gedanken.

Doch wir wollten uns dadurch nicht ablenken lassen, sondern liefen zielstrebig weiter, mit dem klaren Ziel vor Augen, ein Restaurant zu finden, das geöffnet war und Platz für uns hatte. Am Ende unseres kleinen Rundganges durch die Stadt machten wir es uns im ›Alexander Schanz‹ Restaurant gemütlich.

Was soll ich dir sagen, liebe Anna, es waren zwei schöne Stunden im Restaurant. Das Essen war vorzüglich. Das Gespräch mit Olena interessant. Ihr Blick und mein Bauchgefühl verrieten mir, wir werden uns eventuell näherkommen. Du würdest sie auch mögen. Allein aufgrund der Tatsache, dass sie eine Ärztin ist, würde ihr in deinen Augen viele Pluspunkte verschaffen, da deine geliebte Großmutter auch Ärztin war.

Eigentlich hatte ich vor, Olena zum Dessert einzuladen, um noch ein wenig ihre Begleitung genießen zu können, doch leider wurden wir schon kurz vor 16 Uhr gebeten, so langsam zum Ende zu kommen, obwohl die Ausgangssperre doch erst um 18 Uhr beginnt. Ich fragte nach und mir wurde hinter vorgehaltener Hand erklärt, dass das Restaurant sich auf eine Abendveranstaltung vorbereiten müsse. »Hochrangige russische Funktionäre«, so ein Mitarbeiter des ›Alexander Schanz‹, hätten das Restaurant gemietet und gefordert, den Innenraum in eine Disco-Tanzfläche umzubauen. Tische müssten deshalb an die Seiten geschoben werden, denn es sollte so viel wie nur möglich Platz zum Tanzen und Feiern gemacht werden.

Mittlerweile ist es 23.30 Uhr. Meine Gedanken sind bei Olena und der seltsamen Realität meiner Stadt. Denn während ich dir diese Zeilen schreibe, findet im ›Alexander Schanz‹ eine Tusofka, also Party, statt. Mit anderen Worten, für die russischen Besatzer gibt es einen Grund zum Feiern. Vielleicht feiern sie jede Nacht. Warum auch nicht? Kaum jemand hat sich ihnen in den Weg gestellt.

Sie kamen, eroberten und feiern.

10. MAI 2022
KEIN GUTES TIMING FÜR BRUSTKREBS

Dorogaya Annatschka,

mit Olena treffe ich mich mittlerweile täglich. Harte Zeiten scheinen Menschen ganz offensichtlich schneller zusammenzubringen. Sie ist eine ausgesprochen belesene Frau. Wir können einerseits über Puschkin und Dostojewski diskutieren, andererseits jedoch auch vollkommen unkompliziert über Themen wie zwischenmenschliche Beziehungen und Kindererziehung bis hin zur großen Weltpolitik sprechen.

Sie tut mir gut und ich tue ihr gut. Gemeinsam werden wir diese ungewissen Zeiten besser überstehen können, davon sind wir beide fest überzeugt. Schließlich wissen wir beide nicht, wohin die Reise führen wird. In jedem Fall werden wir die Situation besser gemeinsam als jeder für sich verarbeiten können.

Im Vergleich zu mir hat Olena viel mehr Sinn im Leben, da sie als Ärztin täglich dringend benötigt wird. Sie hat viele Jahre im (regionalen) Oblastnoi-Krankenhaus gearbeitet. Anfang dieses Jahres, also wenige Wochen vor der russischen Invasion, hat sie eine neue

Stelle als Chefärztin und Abteilungsleiterin im Tropinka-Krankenhaus angenommen. Berufsmäßig war sie am Höhepunkt ihrer Karriere angekommen. Sie übte ihren Traumjob aus. Jeder Tag war ein Geschenk. Sie ging glücklich zur Arbeit und wollte eigentlich gar nicht mehr nach Hause. Warum auch, schließlich wartete in ihrer Wohnung niemand auf sie, während sie im Tropinka Dutzende Kollegen und Kolleginnen, Patienten und Patientinnen hatte, die zu ihr aufschauten und ihre Anwesenheit zu schätzen wussten.

Doch kurze Zeit danach brach der Krieg aus und sie wurde, wahrscheinlich wie kaum jemand anderes in Cherson, knallhart mit der neuen Realität konfrontiert. Viele der freiwilligen Kämpfer aus Cherson, die sich den russischen Eindringlingen in den ersten Tagen in den Weg stellten und Widerstand leisteten, wurden teils schwer verletzt, teils sogar in einem verstümmelten Zustand ins Tropinka eingeliefert.

Olena hat die schlimmsten Bilder, die man sich im Krieg vorstellen kann, mit eigenen Augen gesehen.

Sie hat Menschen leiden sehen. Menschen sterben sehen.

Ihr Traumjob verwandelte sich über Nacht in einen Horrorfilm. Darauf war sie nicht vorbereitet. Weder aus einer medizinischen Perspektive noch mental. Auch Ärzte sind normale Menschen. Der Anblick verstümmelter Menschenkörper hat sie fertiggemacht. Ihr Leben stellte sich auf den Kopf, als sie unter den schwer verwundeten Männern in der Intensivstation unseren Nachbarn Dima aus dem 3. Stock, den Zwillingsbruder von Andryi, entdeckte. Jeglicher Versuch, sein Leben zu retten, scheiterte. Dima starb in ihren Armen.

Sie hat sich daraufhin in ihrer Wohnung eingeschlossen und tagelang geweint. Olena meinte, Menschen aus natürlichen Gründen sterben sehen sei eine Sache. Etwas komplett anderes sei es, einen Nachbarsjungen sterben zu sehen, weil er gezwungen wurde, seine Heimat zu verteidigen. Eine surreale Situation, auf die man psychisch nicht vorbereitet werden kann. Umso schwerer der psychische Absturz.

Olena ist eine tapfere Frau und sie hat ein enormes Verantwortungsbewusstsein. Als Chefärztin wollte sie ihrem Team als Vorbild dienen, statt sich selbst zu bemitleiden, so war sie schon bald wieder zurück im Tropinka, um Menschenleben zu retten.

Mir hat sie gesagt, dass sie ihren Schmerz, ihren Kummer, ihre Angst mit niemandem teilen konnte, bis sie sich mit mir anfreundete und Vertrauen aufbaute. Anders, aber in gewisser Weise doch ähnlich, ging es auch mir in den letzten Monaten. Wir unterstützen uns gegenseitig. Das macht das Leben erträglicher.

Ich weiß nicht, ob du an Zufälle glaubst. Ich zumindest tue es nicht. Es ist mir in meinem Leben schon oft passiert, dass das eine auf fast natürliche Weise zum anderen geführt hat. Vor Kurzem sprach ich doch mit Ruslan aus Chemnitz. Er bat mich, seiner Schwester Natalka Musienko zu helfen. Sie habe große Schmerzen im Brustbereich und sie sollte unbedingt einen Arzt aufsuchen, um sich untersuchen zu lassen. Natalka jedoch weigere sich, da sie kaum noch Bargeld übrighabe, um medizinische Untersuchungen zu bezahlen. Ich erzählte Ruslan von meiner neuen Chefarzt-Freundin Olena und versprach, dass ich sie bitten würde Natalka zu helfen. Ruslan bedankte sich und gab mir ihre Adresse und Telefonnummer. Er meinte noch, falls Olena nicht imstande sein sollte, Natalka zu helfen, dann bleibe Ruslan keine andere Wahl, als Natalka zu überreden, sich auf die Flucht nach Deutschland zu begeben. In Deutschland seien medizinische Untersuchungen nicht nur umsonst für Flüchtlinge, sondern die Deutschen würden sich sogar darüber freuen, wenn Neuankömmlinge sich so intensiv wie nur möglich untersuchen lassen, um jegliche Krankheiten und deren Verbreitung in Deutschland zu unterbinden.

Ich erzählte Olena von Ruslan und seiner kranken Schwester. Wie erwartet war sie sofort bereit, Natalka unter ihre Fittiche zu nehmen. Schon am Morgen darauf nahm Olena Natalka an die Hand, ich übertreibe hier keinesfalls, und führte sie im Tropinka durch die verschiedenen Abteilungen. Natalka musste einen Bluttest und eine Urin-Untersuchung machen, bevor sie von einem Gynäkologen untersucht wurde. Der Frauenarzt stellte sofort eine Verdichtung in einer Brust fest und schickte sie zu einem Mammographie-Screening und einer Ultraschall Untersuchung.

Die Befürchtungen von Natalka waren leider berechtigt.

Natalka hat Brustkrebs.

Wenn sie sich nicht innerhalb der nächsten Wochen erfolgreich operieren lässt, wird es eventuell kein Zurück mehr geben.

20. MAI 2022

FAHRSTÜHLE SIND TREU WIE HUNDE!

Dorogaya Annatschka,

in den letzten Tagen bin ich nicht dazu gekommen, dir zu schreiben. Nein, das stimmt eigentlich nicht ganz. Ich wäre dazu gekommen, dir zu schreiben, wenn ich gewollt hätte, doch ich wollte dir erst wieder schreiben, wenn Natalka in Sicherheit ist.

Du fragst dich jetzt bestimmt, was meint Papa mit »in Sicherheit«?

Die Dinge haben sich hier plötzlich überschlagen. Auch ich war vollkommen überrumpelt und verfolgte das Geschehen aufmerksam.

Also was ist passiert?

Vor ungefähr zehn Tagen bekam Natalka die schreckliche Nachricht ihrer Krankheit. Sie war natürlich am Boden zerstört. Ich war es, der es Ruslan mitteilen musste, weil Natalka kaum ansprechbar war. Ruslan bat mich, ihm zu helfen, Natalka umgehend zu ihm nach Deutschland zu schicken.

Wie du bestimmt schon ahnst, bespreche ich mittlerweile alles mit Olena. »Der Fall Natalka« ging auch Olena etwas an. Ihr gemeinsamer Tag im Tropinka schweißte sie fest zusammen. Olena setzte sofort alle Hebel in Bewegung, um herauszufinden, ob an einem der Krankenhäuser Chersons eine Operation zur Entfernung des Geschwürs überhaupt infrage käme. Die bittere Nachricht war, dass kein Arzt in Cherson geblieben ist, der eine derartig komplizierte Operation durchführen könnte. Zudem gibt es in Cherson keine hochmodernen medizinischen Geräte, die geeignet sind für diese komplizierte Operation.

Wir erfuhren: So einer wichtigen Operation kann man sich nur in einem großen Krankenhaus in Odessa unterziehen. Doch der Weg nach Odessa ist alles andere als sicher. Man sagt, die russischen Truppen versuchen, sich gen Westen vorzuarbeiten und bombardieren unsere Nachbarstadt Mikolayiv, die auf dem halben Weg nach Odessa liegt. Nach Odessa konnte Natalka somit derzeit auf gar keinen Fall.

Auch zuerst nach Norden und danach Richtung Westen nach Europa rein ist mittlerweile nicht mehr so ohne weiteres möglich. Ein wenig oder sogar viel Bestechungsgeld wird wahrscheinlich nicht mehr ausreichen, um von russischen und tschetschenischen Soldaten einfach mal so durchgewunken zu werden. Hinzu kommt, dass Natalka eine äußerst attraktive Frau ist, die, falls sie allein fahren sollte, oder selbst mit männlicher Begleitung, sich höchstwahrscheinlich in sehr problematischen Umständen wiederfinden würde. Ich denke, du weißt, was ich meine. Gerüchte machen seit Längerem die Runde. Ich will das nicht weiter ausführen.

Westen und Norden sind also zu gefährlich, Europa derzeit unerreichbar. Was bleibt übrig? Süden und Osten. Beide Richtungen würden mit anderen Worten bedeuten, in russische Gebiete zu fahren.

Daran habe ich noch gar nicht gedacht. Von Anfang an war immer nur die Rede vom Westen beziehungsweise der Flucht nach Europa. Noch nie habe ich gehört, dass jemand in Erwägung gezogen hätte, nach Russland zu fliehen. Russland ist doch in Cherson, wieso also nach Russland fliehen?

Olena war es, die mich aufklärte. Das Beste, was wir in der jetzigen Situation Natalka empfehlen könnten, sei, dass sie sich auf den Weg nach Israel begibt. Kollegen im Tropinka haben Olena erzählt, dass Israel in Sachen Medizin und insbesondere Krebsbekämpfung eines der fortgeschrittensten Länder der Welt sei. Es soll angeblich Dutzende Fachärzte geben, die in mehreren Krankenhäusern im Land mithilfe von State-of-the-Art-Geräten Patienten erfolgreich operieren und behandeln. Gleich mehrere Kollegen haben ihr das ans Herz gelegt. Der Weg raus aus Cherson nach Israel wäre auch um einiges einfacher, weil man vom russisch besetzten Cherson einfach nur rüber auf die seit 2014 russisch besetzte Krim fahren muss, von wo aus man problemlos nach Russland reinfahren kann, um sich dann in ein Flugzeug nach Israel zu setzen.

Natalka war zunächst nicht sehr erfreut über diese Empfehlung. Sie hat zwar entfernte Verwandte in Israel, hat sich jedoch noch nie für Israel oder das Judentum interessiert. Die hebräische Sprache kann sie auch nicht, also wie genau sollte ein Umzug nach Israel funktionieren, fragte sie Olena und mich.

Zum Glück habe ich ausreichend Einblicke ins Leben in Israel, insbesondere dank dir, dass ich imstande war, Natalka zu beruhigen und sogar zu überreden, nach Israel zu ziehen. Da ihr Großvater Jude war, hat sie jedes Recht nach Israel einzuwandern. Ich erzählte ihr auch von dir und wie du ein neues erfolgreiches Leben in Israel aufgebaut hast und das, obwohl auch du erst im Alter von 26 Jahren nach Israel gezogen bist und kaum ein Wort Hebräisch sprechen konntest. Außerdem beruhigte sie sehr, dass es in Israel eine sehr große russischsprachige Bevölkerung gibt, wo sie sich sofort, obwohl fern von der Heimat, heimisch fühlen kann. Unzählige Ärzte und Krankenschwestern sprechen Russisch. Es gibt Anwälte, die Russisch sprechen. Mitarbeiter am Flughafen, in Ministerien, Busfahrer und Lehrer, viele verstehen und sprechen die russische Sprache. Es gibt sogar russische Supermärkte und Kioske in Israel. Sie bräuchte sich in Sachen Sprachverständigung überhaupt keine Sorgen machen. Mit Russisch kommt man in Israel genau so weit wie mit Englisch.

Das alles wusste sie natürlich nicht und es war eine positive Überraschung, die sie freudig stimmte und überzeugte, dem Abenteuer eine Chance zu geben. Schließlich geht es um ihre Gesundheit und ihr Leben. Es ist ja auch nicht so, als würden ihr alle Türen auf der Welt offenstehen.

Eins muss ich Natalka lassen, trotz ihrer anfänglichen Zweifel hat sie sehr schnell verstanden, in welcher Situation sie sich befindet und sich zusammengerissen. Sie weiß, es wird nicht einfach, aber sie kann jederzeit wieder zurück nach Cherson ziehen. Niemand wird sie in Israel davon abhalten, das Land, wann immer sie will, wieder zu verlassen. Doch jetzt muss sie sich zuerst einmal auf den Kampf gegen ihr Krebsgeschwür konzentrieren.

Heute kann ich dir, liebe Anna, endlich wieder schreiben, da Natalka jetzt in Sicherheit ist und mir und insbesondere Ruslan ein Stein vom Herzen gefallen ist. Sie hat eine tagelange Reise über die Krim und Russland, und sogar Georgien erfolgreich hinter sich gebracht und ist heute den Umständen entsprechend gesund und munter in Israel gelandet. Ich habe ihr unter anderem auch deine Nummer gegeben, falls sie bei irgendetwas nicht weiterkommen sollte und dringend einen guten Rat benötigen sollte.

In der letzten Woche war ich sehr mit Natalka beschäftigt. Ich muss zugeben, es hat mir unglaublich gut getan in diesem, wie soll ich sagen, unentspannten und ungewissen neuen Alltag unter russischer Besatzung, etwas Produktives zustande gebracht zu haben.

Dank meines Einsatzes wird Natalka schon bald ihr Leben glücklich und schmerzfrei weiterführen können. Ich habe etwas Sinnvolles getan. Vielleicht sogar ein Menschenleben gerettet. Dass es um die Schwester meines besten Freundes ging, erfüllt mich insbesondere mit großer Freude. Dass Natalka in Israel gelandet ist und dort bestens medizinisch versorgt werden wird, ist eine der besten Nachrichten, die mich in den letzten vier Monaten erreicht hat. Um ehrlich zu sein, ist es die einzige gute Nachricht, an die ich mich seit Kriegsausbruch erinnern kann.

Jetzt wo Natalka in guten Händen und Ruslan beruhigt ist, kann ich mich wieder meinem normalen Alltag widmen. Wobei, was heißt schon »normaler Alltag«? Ist es normal, für ein Stück Brot eine Stunde in der Schlange zu stehen? Ist es normal, plötzlich doppelt so viel für Brot und auch für Wasser zu bezahlen? Das sind doch die einfachsten Nahrungsmittel. Warum mehr bezahlen, obwohl viele Menschen seit Monaten kein Geld mehr verdienen? Manch einer hat auch kein Geld mehr auf dem Konto, um es sich auf dem Marktplatz von den Geldwechslern auszahlen zu lassen und ist angewiesen auf die tägliche Überlebensmahlzeit vom Internationalen Roten Kreuz.

Wenn du jetzt denkst, dass das all meine Probleme bezüglich »normalem Alltag« sind, dann täuschst du dich. Ab sofort habe ich nämlich eine weitere kleine Baustelle, die mir das Leben schon jetzt erschwert: Der Fahrstuhl ist außer Betrieb! Ich gehe davon aus, dass er in nächster Zeit auch nicht repariert werden wird. Soll heißen, ich muss mir jetzt zweimal überlegen, ob ich vor die Tür gehen will. Denn auf dem Rückweg muss ich zu Fuß in den 6. Stock hochlaufen und das sind verdammt viele Treppen. Es führt kein Weg daran vorbei.

In deinem Alter ist das vielleicht noch unproblematisch. Vielleicht würdest du dich sogar freuen und das Treppensteigen als täglichen Sport betrachten. Ich kann das mit meinen 73 Jahren leider nicht mehr. Für mich ist das die reinste Qual. Vor allem, wenn in wenigen Tagen wieder das Wasser alle sein wird und ich nicht darum herumkommen werde, zwei 6-Liter-Wasserkanister zuerst durch die Straßen zu schleppen, bevor ich sie wieder langsam in den 6. Stock hochtragen muss.

Deine Mutter hat vor über dreißig Jahren, als wir diese Wohnung gekauft haben, schon gesagt, dass sie lieber in einer niedrigen Etage wohnen würde, weil man sich nicht darauf verlassen kann, dass der Fahrstuhl immer funktioniert. Ich habe mich im Endeffekt durchgesetzt und sie mit dem Spruch »Fahrstühle sind treu wie Hunde« überredet. Nie hat es Probleme gegeben. Ich konnte ihr immer sagen »siehst du, ich habe es dir doch gesagt, Fahrstühle sind treu wie Hunde«. Du kannst dir nicht vorstellen, mit was für einer Genugtuung ich das gemacht habe. Der Fahrstuhl war eines meiner Asse. Vielleicht hat er auch mit dazu beigetragen, dass wir uns auseinandergelebt haben und sie sich scheiden lassen hat. Ich habe nie gefragt.

Doch heute, viele Jahre später, zum unpassendsten Zeitpunkt überhaupt, funktioniert der Fahrtstuhl nicht mehr und ich bin mit meinen Wasserbehältern im Alter von 73 Jahren auf mich gestellt. Glaub mir, während ich vorhin die Treppen hochgelaufen bin, habe ich das Gesicht deiner Mutter vor mir gesehen. Sie schien sichtlich darüber amüsiert zu sein. In ihrem Gesichtsausdruck sah ich: »Siehst du, ich habe es dir doch gesagt, wir hätten uns damals für eine Wohnung im Erdgeschoss entscheiden müssen.«

1. JUNI 2022
RETTUNGSTROPFEN AUS DEM GELOBTEN LAND

Dorogaya Annatschka,

heute gab es endlich einmal gute Nachrichten für mich und das dank dir. Die von dir auf eine halbe Weltreise geschickten Augentropfen sind bei mir angekommen. Ein wichtiges Mitglied der jüdischen Gemeinde Cherson hat sie mir höchstpersönlich überreicht.

Ich hätte mir nie vorstellen können, dass dein Plan wirklich aufgeht. Ich meine, wie groß sind die Chancen, dass Medikamente, die einen ganzen Monat lang in drei Ländern immer wieder in fremde Koffer ein- und wieder ausgepackt werden, am Ende wirklich ihr Ziel erreichen?

Du warst optimistisch. Mich hingegen stimmte die Lage in Cherson eher pessimistisch und ich glaubte einfach nicht mehr daran und ging schon davon aus, bald nicht mehr klar sehen zu können. Wäre das der Fall gewesen, dann hätte ich vielleicht auch nicht mehr vor die Tür gehen können, um mir Brot und Eier zu besorgen. Und das nur weil meine Augentropfen in den Chersoner Apotheken ausgegangen sind und die russische Besatzung keinen Nachschub duldet.

Was hätte ich nur getan, wenn es dich nicht gäbe? Wenn du nicht in Israel wärst? Nicht jeder hat eine Tochter im Ausland, die die finanziellen Mittel und die Kontakte hat, ohne ein ärztliches Rezept an Medikamente zu gelangen.

Auch du hattest deine Schwierigkeiten. Es war keine leichte Geburt. Dein Hausarzt konnte nicht weiterhelfen. Er meinte, er könne kein Attest in Abwesenheit ausstellen. Also hast du deinen Ehemann um Rat gebeten und der hat sich wiederum bei seinen Freunden umgehört, bis ihr den heißen Tipp bekommen habt, dass es eine Apotheke in der arabisch-israelischen Kleinstadt Kfar Qassem gibt, in der man meine dringend notwendigen Augentropfen auch ohne ärztliches Attest bekommen kann, solange der Preis stimmt.

An einem Sabbat habt ihr euch somit auf den Weg gemacht, extra für mich, um der Apotheke in Kfar Qassem einen Besuch abzustatten. Doch auch das war einfacher gesagt als getan. In dieser Kleinstadt gibt es um die zehn Apotheken und das allein auf der Hauptstraße. So musstet ihr euch von Apotheke zu Apotheke durchfragen, bis ihr am Ende in der richtigen Apotheke gelandet seid und den richtigen Apotheker antreffen konntet, der bereit war, euch gleich fünf Packungen der Augentropfen zu verkaufen.

Doch das war erst der Anfang der Reise. Dein Mann war so freundlich, sich ins Auto zu setzen und nach Jerusalem zu fahren, um die Medikamente dort einem israelischen Rabbiner zu überreichen, der im Kontakt mit meinem Bekannten und Mitglied der jüdischen Gemeinde Cherson stand. Der Plan war, die Medikamente nach Paris zu bringen, wo eine Hochzeit stattfinden sollte, auf der sowohl der israelische Rabbiner als auch das Gemeindemitglied aus Cherson eingeladen waren. Dort fand dann die Übergabe statt. Ab sofort waren die Augentropfen im Gepäck meines Bekannten. Seine Rückreise nach Cherson war jedoch, laut ihm »mit Hindernissen« verbunden, die aber mit ein paar hundert Rubel gelöst werden konnten und er somit von den Russen nach Cherson hereingelassen wurde.

Heute war es dann endlich so weit und ich holte die Augentropfen in der jüdischen Gemeinde ab. Mein Bekannter umarmte mich und war auch glücklich darüber, dass er helfen konnte.

Ohne den freiwilligen Einsatz des israelischen Rabbiners und ohne die Hilfe von Rabbiner Fuchs hätten diese Medikamente in der heutigen Situation niemals ihren Weg zu mir gefunden.

22. JUNI 2022
ALLES PROPAGANDA? ALLES PROPAGANDA!

Dorogaya Annatschka,

es ist nichts passiert, also habe ich dir auch nicht geschrieben. Jeder Tag ist wie der andere. Es macht absolut keinen Unterschied mehr, ob es Dienstag, Donnerstag oder Sonntag ist. Es spielt absolut keine Rolle mehr. Jeder Tag ähnelt sowohl dem Tag davor, als auch dem Tag danach.

Der einzige Grund, noch morgens die Augen zu öffnen, ist Olena. Okay, ich übertreibe ein wenig. Die Gedanken an dich und Vowa bereichern meinen Tag auch. Auf andere Weise. Aber ja, ohne euch wäre mein Leben um einiges leerer. Besonders wenn Olena Schichtdienst hat, auch an Wochenenden, die eigentlich keine Wochenenden mehr sind, fühle ich mich allein auf dieser Welt. Allein in einer Stadt, die sich nicht mehr wie meine Stadt anfühlt.

Nur wenige Monate Besatzung haben gereicht, um aus Cherson einen anderen Ort zu machen. Einen Ort ohne Herz. Ohne Seele. Ohne Liebe. Es ist ein Ort im Trauerzustand. Als ob die Chersoner, die der Stadt treu geblieben und nicht ausgewandert sind, jeden Tag auf dem Weg zur Beerdigung der Stadt sind. Jeden Tag aufs Neue. Die Beerdigung der eigenen Heimatstadt, die sich innerhalb weniger Monate in etwas anderes verwandelt hat.

Was ich mit »etwas anderes« meine, versuche ich dir jetzt kurz zu veranschaulichen.

Was hier nämlich wirklich vor sich geht, wovon du glücklicherweise kaum etwas mitbekommst, weil es keine unabhängige Berichterstattung über Cherson gibt. Alle Fernsehkanäle, Zeitungen und Radiostationen, die aus und über Cherson berichten, sind zu 100 Prozent vom Kreml gesteuert. Kein einziges Medium ist in der heutigen Situation in der Lage, objektiv über die Realität in und um Cherson zu berichten. Alles was du siehst und hörst ist demnach Propaganda. Knallharte russische Staatspropaganda. Du fragst mich, ob wirklich alles Propaganda ist? Ich würde sagen, ja. Zumindest alles, was offiziell aus Cherson rauskommt.

Hin und wieder kommt es vor, dass ein mutiger Blogger oder Influencer es wagt, die russischen Besatzer zu kritisieren und den Koma-Zustand Chersons beim Namen zu nennen. Jedoch ist das ein Spiel mit dem Feuer, weil die russischen Geheimdienstler sich schon unters Volk gemischt haben und wissen, wie sie auf einem schnellen und unkomplizierten Weg jeden Regimekritiker noch am selben Tag einen Besuch abstatten können.

Bei einem Besuch bleibt es natürlich dann nicht. Der »Staatsfeind« wird abgeführt, mit der Tüte über dem Kopf, und in eine der Polizeistationen, die in Folterkammern umgewandelt wurden, gebracht. Man sagt Folter mit Elektroschocker ist noch das Erträglichste der Methoden der Russen.

Mich überrascht das nicht.

Das eine oder andere habe ich noch aus meiner Zeit als Soldat der Sowjetunion in Erinnerung. Ich war unter anderem in der damaligen Tschechoslowakei stationiert, wo in den 1970er-Jahren Dissidenten und Menschenrechtsverfechter gegen die sowjetische

Besatzung protestierten, größtenteils auf friedliche Weise. Schon damals gehörte die psychologische Kriegsführung zum festen Bestandteil der sowjetischen Vorgehensweise. Mit gezielter Verbreitung von sowjetischer Propaganda wurden die Menschen in der ehemaligen Tschechoslowakei gegen ihre eigenen Leute aufgehetzt.

Es fand eine regelrechte Delegitimierungskampagne gegen die Dissidenten statt. Alles Mögliche wurde über sie erzählt, um sie in die Ecke zu treiben: Sie seien Faschisten und Feinde des Kommunismus. Sie seien Nachkommen der deutschen Nationalsozialisten. Sie seien verwandt mit führenden Nazis. Sie würden direkte Anweisungen von Nazis, die sich seit 1945 im Untergrund aufhalten, erhalten. Sie seien weder Tschechen noch Slowaken, sondern eigentlich Deutsche. Und so weiter.

Natürlich bewirkte das gezielte Verstreuen dieser Geschichten etwas. Viele Menschen wussten es natürlich nicht besser und hatten nur die sowjetischen Medien als Informationsquelle. Am ersten Tag glaubte kaum jemand den sowjetischen Erzählungen über den Feind von Innen. Nach einer Woche fingen die Zweifel an, und manch einer begann, sich zu fragen, ob eventuell doch etwas an der Darstellung der Sowjets dran sei. Spätestens nach ein zwei Monaten war ein Großteil der Bevölkerung davon überzeugt, dass unmöglich alles erlogen und erfunden sein konnte, sondern dass an der sowjetischen Schilderung vieles wahr sein musste.

Wenn man nur lange genug an einer Behauptung festhält und sie immer wieder bei jeder sich bietenden Gelegenheit laut und überzeugt ausspricht, dann wird man damit punkten und Erfolg haben.

Die Sowjets haben es damals gemacht.

Die Russen machen es heute.

Ein Blick in die *Nadjepranskaja Pravda* reicht, um festzustellen, dass die Russen, 50 Jahre nach meiner Zeit als Soldat im Dienst der Sowjetunion in Prag, haargenau dieselbe Strategie an den Tag legen. Auch im Fall der Ukraine und sich noch zur Wehr setzenden ukrainischen Dissidenten und Soldaten behaupten die Russen, es seien größtenteils Faschisten und Nazis, die der ethnisch russischen Bevölkerung an den Kragen wollen.

Nicht dass es heute keine ukrainischen Faschisten und Nazis geben würde. Natürlich gibt es die. So wie es sie damals zur Zeit des Zweiten Weltkrieges gab. Sie waren sogar fleißige Verbündete der deutschen Nazis.

Es gibt sie leider auch heute noch. So wie es sie in vielen Ländern auf der Welt gibt. Oder gibt es etwa keine israelischen Faschisten, liebe Anna? Oder meinst du etwa, es gibt heutzutage keine deutschen Nazis mehr? Natürlich gibt es beide Fälle.

Es gibt auch russische Faschisten. Diejenigen, die die Ukraine seit Monaten angreifen und besetzen, können keine Sozialisten oder Kommunisten sein. Sie sind ohne Zweifel Faschisten. Faschisten, die auch noch so ehrlos sind, mit ihrer Staatspropaganda Ukrainer, die für ihre Freiheit kämpfen, als Faschisten zu bezeichnen.

28. JUNI 2022

IHOR VIKTOROVYCH KOLYKHAIEV, UNSERE TRAUER!

Dorogaya Annatschka,

ich habe gewusst, dass es Konsequenzen haben wird. Ich wusste, dass es ein Nachspiel geben wird. Was ich nicht wusste, war, wann die russischen Besatzer zuschlagen werden.

Ganze vier Monate haben sie sich Zeit gelassen. Sind es langsam, aber zielstrebig angegangen. Haben schrittweise jeglichen Widerstand gebrochen. Haben ihre Leute überall eingebracht: Russische Beamte haben sich in offiziellen Ämtern positioniert. Russische Soldaten haben sich in Häusern und Wohnungen von wohlhabenderen Chersonern einquartiert. Russische Geheimdienstler haben sich ein Netzwerk an Informanten aufgebaut. Tschetschenische Soldaten machen einen auf Polizei, kontrollieren die Straßen der Stadt und tun so, als seien sie für Recht und Ordnung zuständig.

Obwohl die russischen Besatzer schon im März die Stadt in ihrer Gewalt hatten, haben sie bestimmte Dinge unberührt gelassen beziehungsweise nicht alle Amtsinhaber vom einen auf den anderen Tag ausgewechselt. Das war wahrscheinlich auch logistisch nicht möglich.

Bei der Chersoner Polizei und Justiz gingen sie sehr schnell vor und inhaftierten viele Menschen. Im Rathaus jedoch, das sie Anfang März übernahmen, ließen sie Bürgermeister Ihor Kolykhaiev im Amt. Und das, obwohl er ihnen vom ersten Moment an ein Dorn im Auge gewesen sein muss, insbesondere wegen der Helden-Auszeichnung aus der Hauptstadt Kiew, vom Präsidenten Volodymyr Selenskyi höchstpersönlich übermittelt.

Vier Monate lang haben die russischen Herrscher Kolykhaiev nicht aus dem Amt gejagt. Er durfte nach wie vor der Bürger Nummer 1 der Stadt bleiben und verwaltete Cherson fleißig weiter, als gäbe es keine Russen oder Tschetschenen. Ich denke, es war eine klassische Win-win-Situation. Es spielte ganz einfach in die Hände der neuen russischen Machthaber, dass Kolykhaiev imstande war, sich um die alltäglichen kommunalen Dinge zu kümmern.

Er sorgte zum Beispiel dafür, dass die städtische Müllabfuhr und jedermanns Toilettenspülung weiterhin funktionierten. Die Russen fühlten sich wahrscheinlich nicht fest genug im Sattel, um einen Massenaufstand zu riskieren, weil die Menschen nicht ihre Toilette spülen können oder auf einer riesigen Müllhalde leben. So war Kolykhaiev von Bedeutung.

Doch das hat sich heute geändert.

Eine seiner persönlichen Beraterinnen, Galina Liashevskaya, hat heute im Internet bekannt gegeben, dass Kolykhaiev in den Morgenstunden vor dem Rathaus von russischen Soldaten verhaftet wurde und in einen Bus mit der Aufschrift Z steigen musste. Außer ihm wurden sechs hochrangige Mitarbeiter der Stadtverwaltung verhaftet und auch in den Bus gesteckt. Der Bus fuhr dann aus der Innenstadt raus, ohne dass irgendjemandem erklärt wurde, was das Ganze auf sich hat.

Laut Liashevskaya ging der Verhaftung ein Wortgefecht voraus, das wenige Tage vorher stattfand. Die russische Administration war ganz offensichtlich zu dem Schluss gekommen, dass sie die Dienste Kolykhaievs nicht mehr benötigte. Sie wollten einen ihrer Männer als neuen Bürgermeister einsetzen und verlangten Kolykhaievs Kooperation dabei. Wahrscheinlich boten sie ihm an, weiter für die Müllabfuhr zuständig zu sein und die große kommunale Politik ab sofort den Russen zu überlassen. Aber wie Kolykhaiev halt so ist, er hat schließlich nicht umsonst eine Heldenauszeichnung erhalten, wollte er nicht mitmachen und sagte seinen, aus seiner Sicht »neuen russischen Kollegen« seine Meinung. Das gefiel diesen aber nicht, denn sie waren aus ihrer Sicht keine Kollegen, sondern Kolykhaievs Vorgesetzte.

Kolykhaiev schien die gesamte Situation seit Anfang März missverstanden zu haben. Da er zunächst im Amt bleiben konnte, schien er sich eingebildet zu haben, dass die Russen ihn mehr benötigten als er sie, und er somit sagen und machen konnte, was er für richtig hielt.

Dass dem nicht so ist, hat sich heute herausgestellt. Kolykhaiev ist weg. Ich gehe davon aus, wir werden ihn nie wieder zu Gesicht bekommen.

5. JULI 2022
CHECKPOINTS

Dorogaya Annatschka,

der Himmel ist seit einigen Tagen durchgängig blau. Es ist schon Juli. Hin und wieder scheint auch die Sonne und wärmt unsere nahezu eingefrorene Seele wieder ein wenig auf.

Der Winter war lang. Zu lang. Mit all den Entwicklungen in Cherson war es ein gefühlt endloser Winter.

Noch nie ging mir die Winterkälte in Cherson so unter die Haut. Wie oft ich in der eisigen Kälte stundenlang für ein Stück Brot oder Medikamente in der Schlange stehen musste! Wie oft ich am Verzweifeln war! Ich habe dir vieles nicht mitgeteilt. Gedanken, die ich lieber für mich behalte.

Die Wintermonate in Cherson sind an sich nie einfach. Dieses Mal war es ein Winter mit russischer Besatzung – eine tägliche doppelte Herausforderung. Eine unmenschliche Situation für einen Normalsterblichen. Doch wer fragt einen schon? Wir werden einfach mal so in den Schlamm geworfen und müssen schauen, wie wir zurechtkommen.

Umso glücklicher stimmt mich der blaue Himmel und die gelbe Sonne. Als ob die blau-gelbe ukrainische Flagge über unser aller Köpfen wehen würde und von oben zu uns sagen würde: »Ich bin da. Ihr seid nicht allein. Noch ist nicht alles verloren. Habt Geduld. Ich komme wieder!«

Gestern hatte ich ein langes Telefongespräch mit deinem Bruder Vowa. Er ist seit einigen Wochen in einem Deutsch-Sprachkurs für Flüchtlinge und Neueinwanderer in München. Er erzählte mir, dass es außer ihm noch zwei ukrainische Frauen und einen Mann aus Russland gibt. Alle anderen Kursteilnehmer seien Muslime, größtenteils aus Afghanistan, Syrien, Iran und Irak.

Die Kommunikation sei äußerst schwierig. Jede ethnische Gruppe bleibe unter sich. Selbst unter den Muslimen bestehe keine Einheit. Die Syrer würden in der Pause nur mit ihren Landsleuten sprechen. Die Afghanen würden auch nur unter sich bleiben. Ebenfalls die Iraker und Iraner. Die Ausnahme mache eine syrische Kurdin, die sich nicht mit den anderen Syrern anfreundete. Soweit ich verstehe, seien alle anderen Syrer sunnitische Muslime, die den Kurden gegenüber feindlich gesinnt sind. Man könnte sagen, sie haben die Rivalitäten aus der alten Heimat nach Deutschland importiert.

Auch Vowa und die anderen russischsprachigen Kursteilnehmer bleiben im Endeffekt unter sich. Vowa meinte, Pawel aus Russland sei kein Fan Putins und verurteile den Krieg in der Ukraine aufs Schärfste. Was wäre jedoch, wenn Pawel, trotz gleicher Sprache und Kultur, das Vorgehen Putins rechtfertigen würde? Vowa stellt sich tatsächlich diese Frage und ist sich nicht sicher, ob er sich mit ihm hätte anfreunden können, wenn Pawel anders drauf wäre.

Vowa fragte mich, wieso ich nicht einmal das Auto nehmen würde, um mir ein Bild von der Lage um Cherson herum zu machen? Die Russen hätten doch mittlerweile alles in ihrer Hand und es sollte doch somit kein Problem mehr sein, ein wenig durch Cherson Oblast fahren zu können, ohne in eine problematische Situation hinein zu geraten.

Das gab mir zu denken. Wieso eigentlich nicht, dachte ich mir. Seit Monaten bewege ich mich kaum raus aus Shumensky, nicht mal raus aus der Wohnung. Vielleicht ist das Leben außerhalb von Cherson so, wie es vor dem Kriegsausbruch war? Vielleicht ist das Leben außerhalb Chersons noch lebenswert?

Olena war nicht so angetan von meiner Idee. Sie sei von Natur aus ein eher ängstliches Wesen, verriet sie mir über sich selbst, und sagte:

»Wir haben doch überhaupt keine Ahnung, wie es um Cherson herum so zugeht. Vielleicht herrscht dort Krieg. Willst du zwischen die Frontlinien geraten? Willst du unser Leben gefährden?«

Ich erwiderte: »Aber Olenatschka, wie lange können wir uns um uns selbst drehen und nur auf unsere vier Wände glotzen? Es ist doch ruhig geworden. Cherson wurde schon vor Langem aufgegeben. Ich verspreche dir, es findet um Cherson herum absolut gar nichts statt, weil unsere Sicherheitsbehörden seit Monaten schon über alle Berge sind. Ich würde mich nicht wundern, wenn viele von ihnen, nicht nur nach Kiew, sondern gleich nach München und Chemnitz geflohen sind. Jedenfalls ist von ihnen hier keine Spur mehr.«

Olena antwortete erst einmal nicht. Sie schien nachzudenken. Hatte ich sie etwa überzeugt? Ich wartete gespannt auf ihre Reaktion. Dann sagte sie: »Lieber Juri, ich kann mir einfach nicht vorstellen, dass das ganze Land sich wehrlos den Russen übergeben hat. Möglicherweise übersehen wir etwas. Im Internet wird immer wieder auch von ukrainischem Widerstand berichtet. Den gibt es. Wer weiß, vielleicht nähert er sich Cherson sogar. Nur wissen wir davon nichts, jedenfalls noch nicht.«

Jetzt musste ich kurz nachdenken. War an Olenas Worten etwas dran? Ja, definitiv. Auch ich hatte natürlich von ukrainischem Widerstand in Kiew und Kharkiv mitbekommen. Nur sind diese Orte weit weg. Sehr weit weg. Weit weg vom Süden und Osten des Landes. Gebiete, die schon längst Russland angeschlossen wurden.

Ich wollte Olena nicht weiter überzeugen. Sie schien wirklich kein besonderes Interesse an einem kleinen Abenteuer zu haben. Olena hatte sowieso bald wieder Schichtdienst im Krankenhaus, also hätte es eh keinen Sinn gemacht, dass sie mitfährt. Also setzte ich mich in meinen kleinen grünen VW Golf und fuhr allein los.

Ich fuhr zum ersten Mal raus aus der Stadt. Genauer gesagt, ich befand mich auf dem Weg in Richtung Cherson Oblast und geriet in eine Straßensperre. An einen Checkpoint.

Noch nie in meinem Leben habe ich mich in so einer Situation befunden. Natürlich weiß ich, dass es Checkpoints in Krisen- und Kriegsgebieten, wie Irak oder Syrien, gibt. Auch bei euch unten in Israel gibt es verständlicherweise Checkpoints. In der Tschechoslowakei habe ich damals als Soldat zum ersten Mal die Bekanntschaft mit einem Checkpoint machen dürfen, jedoch auf der anderen Seite der Schranke, als ich es heute machen musste.

Für mich symbolisieren Checkpoints einen aktuellen Kriegszustand, umso verwunderter war ich, als ich nicht weit entfernt von meiner eigenen Haustür an einen Checkpoint kam. Also ist Cherson Oblast auch ein Kriegsgebiet. Ein anderes, aber doch irgendwie ähnlich wie Irak, Syrien, Israel?

Während ich von zwei russischen Soldaten aufgefordert wurde, meine Personalien anzugeben und zu erklären, was das Ziel meiner Reise war, verstand ich plötzlich, dass dieser Checkpoint eher vergleichbar war mit dem damaligen Checkpoint Charlie zwischen Ost- und Westberlin.

Damals wollte die sich unter sowjetischer Herrschaft befindende diktatorische DDR-Regierung eine Flucht ihrer Leute nach Westberlin unterbinden. Mauern, Zäune, Militärpatrouillen und Checkpoints dienten als Hilfsmittel. Die Checkpoints heute in Cherson Oblast dienen meiner Meinung nach auch nur einer Sache: Menschen die Flucht gen Westen zu erschweren, wenn nicht unmöglich zu machen.

Im Prinzip lässt sich Berlin damals mit Cherson heute vergleichen. Checkpoints in Israel hingegen sollen ja das genaue Gegenteil bewirken, und zwar dass keine Selbstmordattentäter nach Israel eindringen. Wer Checkpoints in Irak und Syrien aufstellt und was das genaue Ziel dort sein soll, ist mir ehrlich gesagt nicht ganz klar.

Den russischen Soldaten, die mich kontrollierten, erzählte ich, dass ich einfach mal so Lust hatte, Cherson Oblast zu besuchen, ohne ein konkretes Ziel. Einer der Soldaten, ein großer breiter Mann mit grimmigem Gesichtsausdruck, wahrscheinlich genervt von seinem Checkpoint-Dienst, näherte sich mir, blickte mir in die Augen und fragte mich, ob ich ihn veräppeln wolle. Er schien mir nicht abzunehmen, dass ich wirklich nur durch die Gegend fahren wollte. So wie vor Kriegsausbruch. Die Natur bewundern, beobachten und frische Luft schnappen. Warum sollte das ein Sicherheitshindernis für Putins Russland sein?

Er fragte mich, ob ich vorhätte, mich nach Europa abzusetzen, und ich antwortete ihm, dass ich um nichts in der Welt meiner Heimat Cherson den Rücken kehren wolle. Ich sagte das im Brustton der Überzeugung. Er nahm es mir ab, reichte mir meine Papiere und fragte mich, ob ich Geld bei mir hätte. Ich sei ihm angeblich etwas schuldig, da ich seine Zeit verschwendet hätte. Ich verneinte. Dann fragte er mich, ob ich eine Tochter hätte. Ich verneinte wieder und sagte ihm, dass ich vollkommen allein sei. Er wusste nicht so recht weiter, warf seinem Kameraden einen Blick zu, der ihm ohne Worte mit einer kurzen Kopfbewegung symbolisierte, mich gehen zu lassen.

Kurz darauf saß ich wieder in meinem grünen VW Golf, auf dem Weg zurück nach Schumenskyi. Leider konnte ich mir kein Bild von der Lage außerhalb Chersons machen. Mir gingen viele Gedanken durch den Kopf. Ich fragte mich, was wohl passiert wäre, wenn ich zwanzig Jahre jünger gewesen wäre, oder wie die Soldaten womöglich reagiert hätten, wenn Olena mich begleitet hätte?

Doch was mich innerlich zerfrisst, ist der Gedanke, was wohl passiert wäre, wenn meine Tochter, wenn also du, auf dem Beifahrersitz gesessen hättest? Wenn sie sich an dir vergriffen hätten? Wenn ich nicht in der Lage gewesen wäre einzuschreiten? Eine derartige Erfahrung machte ich zum Glück nicht. Vielleicht ist der Krieg, die Besatzung, der Checkpoint somit für mich halbwegs ertragbar. Ich bin letztendlich ein alter Mann.

Anderen Menschen, jungen Menschen, jungen Frauen, ergeht es da anders.

Ich will nicht einmal weiter darüber nachdenken, sondern einfach nur dankbar dafür sein, dass du weit weg von hier lebst.

14. JULI 2022
IN DER SYNAGOGE

Dorogaya Annatschka,

morgen ist endlich wieder Freitag. Der einzige Tag in der Woche, auf den ich mich freue. Insbesondere auf die Abendstunden in der Synagoge, auf das Freitagsgebet.

Du weißt, ich bin nicht religiös. Noch nie gewesen. Ich habe in den letzten 73 Jahren auch nie wirklich entschieden, wie mein Verhältnis zu Gott ist. Gibt es Gott überhaupt? Ich will mich nach wie vor nicht festlegen.

Warum ich mich auf das Freitagsgebet freue? Nicht wegen dem Gebet. Das interessiert mich weniger. Es ist das Gefühl der Gemeinschaft. Ich war jetzt schon an zwei Freitagen da und ich will es nicht mehr missen.

Seit sich die Ausgangssperre gelockert hat und man jetzt auch am Abend vor der Tür spazieren gehen kann oder in einem der Restaurants Abendessen kann, ist es ein wahrhaftiges Gefühl der Freiheit, am Abend auszugehen. Mit Olena war ich auch schon einmal abends aus, im neu eröffneten ›Muskat‹ Restaurant.

Freiheit, trotz Besatzung.

Ich weiß nicht, ob du jemals nachvollziehen kannst, was ich und viele Tausende Chersoner an emotionaler Achterbahn der Gefühle hier durchgemacht haben.

Morgen ist es wieder so weit. Es geht in die jüdische Gemeinde.

Viele der rund 25 Gesichter sind mir seit Langem bekannt. Man grüßt sich höflich, wenn man sich auf dem Marktplatz über den Weg läuft. In Schumenskyi leben nur ganz wenige Mitglieder der jüdischen Gemeinde. Vielleicht liegt es daran, dass ich mich nie enger mit ihnen angefreundet habe. Vielleicht hatte ich auch nie Bedarf, meinen Freundeskreis um jüdische Freunde zu erweitern. Ruslan, der mit dem Judentum genau so viel zu tun hat, wie ich mit japanischem Sumo, also gar nichts, reichte mir als Freund vollkommen aus. Darüber hinaus hatte ich immer Vowa an meiner Seite, und glaube mir, das hat gereicht. Viel Zeit blieb da nicht übrig, um neue Bekanntschaften zu machen und Freundschaften zu schließen. Ganz bestimmt nicht in einer religiösen Institution.

Mein Leben hat sich jedoch verändert. Nichts ist mehr so wie es mal war. Ich habe plötzlich auch Zeit. Kaum jemand wartet schließlich auf mich.

So habe ich mich nach vielen Jahren Pause zum ersten Mal vor zwei Wochen wieder in die Synagoge begeben. Ich hatte keine Ahnung, wie es mir ergehen würde. Rabbiner Fuchs leitete den Gottesdienst. Neben mir saß Leonid, ein alter Bekannter und Chersoner Seemann. Ein feiner Mann. Wir unterhielten uns den gesamten Gottesdienst über und merkten nicht einmal, als er vorbei war. Danach luden Rabbiner Fuchs und seine Gattin noch auf eine kleine warme Mahlzeit in den Räumlichkeiten der jüdischen Gemeinde ein.

Es war ein sympathisches und entspanntes Beisammensein, sodass ich letzten Freitag die Lust verspürte, ein weiteres Mal am Freitagsgebet teilzunehmen. Wieder saß ich neben Leonid und wieder sprachen wir ohne Punkt und Komma über Gott und die Welt, im wahrsten Sinne des Wortes. Leonid ist auch nicht religiös und ist sich in Bezug auf Gott auch nicht zu 100 Prozent sicher. Unsere grundlegende Weltanschauung diesbezüglich ist also ziemlich ähnlich.

In Sachen Krieg und Frieden gehen unsere Meinungen jedoch auseinander. Während ich mich mehr oder weniger mit der russischen Besatzung abgefunden habe und bereit bin, mit ihr und unter ihr zu leben, sind für ihn alle Russen Nazis und die Ukraine muss seiner Ansicht nach bis auf den letzten Russen befreit werden.

Wie genau er sich eine Befreiung »bis auf den letzten Meter« vorstellt, ist ihm selbst wohl nicht ganz klar. Er scheint fest davon überzeugt zu sein, dass Kiew mithilfe des Westens das Ruder schon sehr bald wieder an sich reißen, und Cherson befreien wird.

Ich fragte ihn: »Angenommen, ukrainische Soldaten würden aus dem Norden Richtung Cherson vorrücken. Angenommen. Die Russen haben sich mittlerweile tief innerhalb der Bevölkerung festgesetzt. Es ist nahezu unmöglich, sie anzugreifen, da sie überall, aber gleichzeitig nirgendwo als große Gruppe sichtbar sind. Wie sollen sie ukrainische von russischen Menschen in Cherson unterscheiden?«

Leonid antwortete: »Sobald unsere Männer Cherson Oblast erreichen werden, und das werden sie, es ist nur eine Frage der Zeit, dann werden sich alle Russen, ob Beamte, Soldaten oder Geheimdienstler, aus dem Staub machen. Noch am selben Tag werden sie alles stehen und liegen lassen und sich über den Dnipro so schnell wie möglich auf den Weg zur Krim machen. Cherson wird befreit sein und wir werden unser altes Leben und unsere geliebte Heimat zurückhaben.«

Leonid war felsenfest davon überzeugt, dass es nur eine Frage der Zeit sei, bis sich die Realität in Cherson wieder auf den Kopf stellen würde. Die Zeit würde sich wieder zurückdrehen, so Leonid, als wären diese Monate des Jahres 2022 nur ein kurzer (gefühlt sehr langer) Alptraum gewesen.

»Doch was, wenn die Russen sich dem Kampf stellen und sich zwei Armeen mitten in Cherson gegenüberstehen und bekämpfen?«, fragte ich Leonid und war gespannt auf seine Antwort.

Leonids Gesichtsausdruck veränderte sich, als hätte er eine Leiche gesehen. »Juri, mein Freund, falls Cherson für den Kreml von zentraler Bedeutung sein sollte, dann ist es gut möglich, dass Putin im Fall eines ukrainischen Vorstoßes Verstärkung aus der Krim nach Cherson schicken wird, um die Stadt zu halten. Dann würden wir in Cherson einen Häuserkampf erleben, wie wir ihn nur aus dem Kino kennen. Es würde uns alle betreffen und unser Leben gefährden. Falls es zu so einem Zusammenprall kommen sollte, dann sollte man sich am besten in den eigenen vier Wänden einschließen und warten, bis der Sturm vorbeigezogen ist.«

Ich ging letzten Freitag mit gemischten Gefühlen nach Hause. Ich stellte mir alle möglichen Szenarien vor, was wohl passieren würde, wenn die ukrainische Armee den Versuch unternähme, Cherson zu befreien.

Ein großes Schlachtfeld. Das reinste Gemetzel.

Niemand könnte voraussehen, wie lange der Krieg um Cherson andauern würde. Niemand könnte garantieren, dass Brotwagen durchgelassen werden. Oder dass Supermärkte und Wasserverkaufsstellen öffnen würden. Vielleicht würden sogar die Wochenmärkte geschlossen bleiben.

Wenn ich so darüber nachdenke, dann bekomme ich es mit der Angst zu tun. Auch wenn ich gruselige Gerüchte über von den russischen Besatzern durchgeführte Menschenrechtsverletzungen gehört habe, scheint es mir im Vergleich zu einer Situation des totalen Krieges inmitten der Stadt das kleinere Übel zu sein.

Wie gesagt, morgen ist es wieder so weit. Ich werde wieder zum Freitagsgebet gehen. Mich wieder neben Leonid setzen. Die

Diskussion um unsere Zukunft und um Cherson muss weitergehen.

Es geht schließlich um unser Leben.

Um unser Überleben.

17. JULI 2022

SCHULE NUMMER 54

Dorogaya Annatschka,

meine Nachbarin Marija Schevchenko saß heute Mittag stundenlang allein auf einer Parkbank auf dem Spielplatz in unserem Hinterhof. Von meinem Balkon aus konnte ich sie beobachten. Sie legte ihren Kopf in ihre Arme, als sei sie erschöpft oder verzweifelt.

Ich kann mich nicht daran erinnern, wann ich Marija das letzte Mal über den Weg gelaufen bin. Muss schon mehrere Monate her sein. So viele Menschen sind in den letzten Monaten weggezogen beziehungsweise geflohen, dass es einen nicht mehr wundert, wenn man bestimmte Menschen, denen man früher täglich begegnet ist, nicht mehr antrifft.

Hätte man mich nach ihr gefragt, so wäre ich wahrscheinlich davon ausgegangen, dass sie sich schon längst nach Deutschland, Österreich oder Schweden abgesetzt hat.

Doch dem war nicht so. Marija ist Schumenskyi treu geblieben. Doch irgendetwas stimmte nicht mit ihr.

Ich entschied mich runterzugehen, um sie nach ihrem Wohlbefinden zu fragen. Aus Erfahrung weiß ich, dass man sich manchmal nur einsam fühlt und einem nur ein wenig freundliche Gesellschaft fehlt. Jemand, der einem zuhört. Jemand, ganz gleich wer, der einem Mut zum Weitermachen gibt.

Der Fahrstuhl funktioniert seit mehreren Wochen nicht. Mit dem Treppenhaus habe ich somit eine ziemlich intime Beziehung aufgebaut. Nicht weil ich wollte, sondern weil ich keinen Weg um das Treppenhaus herum habe. Immerhin sechs Stockwerke. Es kommt nicht selten zu spontanen Gesprächen im Treppenhaus. Da ich aus dem 6. Stock runter- und rauflaufen muss, treffe ich immer irgendjemanden unterwegs. Ohne Ausnahme. Das Treppenhaus lebt. Mehr als die Straße. Dieses Mal traf ich Ludmila an. Auch eine Nachbarin. Sie war gerade von ihrem Sonntagsspaziergang zurückgekehrt.

Ich setzte mich zu Marija auf die Parkbank. Sie regte sich nicht und hielt den Kopf weiterhin in den Armen auf ihrem Schoß. Hatte sie mich etwa nicht bemerkt? Ich wusste nicht so recht, was mit ihr los war. Ich wartete ab. Es war ein schöner sonniger Tag. Ich genoss für einige Momente die warmen Sonnenstrahlen. Ich schloss meine Augen. Machte es überhaupt noch Sinn, sie wieder zu öffnen?

Ich öffnete meine Augen dann doch wieder und drehte mich zu Marija um, sodass mein rechtes Knie ihr linkes Knie kurz berührte. Marija richtete erschrocken ihren Kopf auf und blickte mir in die Augen. Bei meinem Anblick, einem ihr bekannten Gesicht, beruhigte sie sich sofort wieder. Ihr Gesichtsausdruck war kalt und farblos. Emotionslos. Müde.

Mir war sofort klar, dass etwas passiert war und ich zögerte, sie anzusprechen. Ich befürchtete Schlimmes.

»Jurotchka« stieß sie plötzlich hervor, und mir schien, als nähme ich ein kleines Lächeln, versteckt wie hinter einer dicken Nebelwolkenschicht, auf ihrem Gesicht wahr.

»Marijka, Dorogaja«, begrüßte ich sie und fuhr fort: »Was ist passiert? Ich bin da für dich. Falls ich helfen kann, dann bitte lass es mich wissen. Ich habe dich von oben gesehen. Du sitzt hier schon seit Stunden. Was ist passiert?«

Marija blickte mir tief in die Augen. Eine Träne rollte ihr über das Gesicht und landete auf meiner Hand. Dann noch eine Träne. Und noch eine. Sie legte ihren Kopf in meine Arme und weinte.

Minutenlang.

Ich fühlte ihren Schmerz, ohne zu wissen, was ihr widerfahren war.

»Masha, bitte öffne dein Herz und erzähl mir, was passiert ist«, sagte ich ihr und brach damit ein minutenlanges Schweigen.

Marija richtete sich auf, zog ein rotes Stofftuch aus ihrer rechten Hosentasche, trocknete ihre Augen und putzte ihre Nase. Langsam beruhigte sie sich.

»Juri, ich kann das alles nicht mehr. Es ist unerträglich geworden. Wofür bestraft uns Gott? Ich habe niemandem etwas getan. Unsere Kinder auch nicht. Warum, verdammt nochmal, müssen wir leiden?«

»Aber was ist passiert, liebe Masha? Ich kann dir nicht folgen. Bitte rede Klartext. Ich verspreche, dir bei allem zur Seite zu stehen. In diesen Zeiten brauchen wir einander.«

Masha atmete tief ein und dann langsam wieder aus. Als ob sie eine Bürde, die ihr auf der Seele lag, von sich stoßen, um frei reden zu können.

»Wie du weißt, unterrichte ich seit Jahrzehnten am Gymnasium 54. An deine Tochter Anna kann ich mich erinnern, als wäre sie erst vor Kurzem aus der Schule raus, dabei sind schon zwanzig Jahre vergangen. Seit 2020 bin ich die Schulleiterin des Gymnasiums und unterrichte nur noch selten. Im Anschluss an die russische Invasion hat sich der Schulalltag drastisch verändert. Unsere Kinder gehen schon seit Längerem nicht mehr zur Schule, sondern werden über Zoom unterrichtet. Das ist nicht optimal, aber auch nichts Neues, da wir ähnliche Situationen schon während der Corona-Pandemie gemeistert haben.

Doch es hat sich etwas Fundamentales verändert: Statt mit einem unsichtbaren Virus haben wir es jetzt mit gut erkennbaren russischen Unterdrückern zu tun, die vor nichts zurückzuschrecken scheinen und klare Ziele haben. Das bereitet mir schlaflose Nächte. Ich weiß nicht mehr weiter.«

Masha wurde von einem kleinen Vogel unterbrochen, der sich direkt vor ihr auf den Boden setzte und kurz zu ihr aufschaute, bevor er wieder abhob und weiterflog.

»Selbst dieser kleine Spatz hat mehr Freiheiten als ich. Niemand schreibt ihm vor, wohin er zu fliegen hat, und er kann landen, wo er will. Ich bin jedoch eine Gefangene. Obwohl ich den Anschein erwecke, frei zu sein, habe ich Handschellen an. Vor einigen Tagen standen zwei Männer vor meiner Haustür. Noch bevor sie etwas von sich gaben war mir klar, dass es sich um zwei Männer der russischen Administration handelte.

Sie waren elegant gekleidet. Wer läuft heutzutage noch so rum, dachte ich mir sofort. Nur hochrangige offizielle Russen, die hier sind, um über uns zu herrschen. Ohne Frage. Die sind hier, um uns vorzuschreiben, was wir zu tun und zu lassen haben. Genau so war es dann auch. Sie kamen, um mir unmissverständlich klar zu machen, dass ich alsbald alle Lehrer und Lehrerinnen des Gymnasiums zusammenrufen sollte, um anzukündigen, dass die Schule bald wieder normal aufmachen wird. Und wir sollten uns gemeinsam auf volle Schulklassen freuen.«

Ich seufzte kurz auf, denn jetzt endlich verstand ich, in welcher Situation sich Masha befand. In einer Sackgasse. In einer gefährlichen Sackgasse.

»Und was hast du ihnen gesagt? Bist du ihren Anweisungen gefolgt?«, fragte ich Masha und sie antwortete mir wie aus der Pistole geschossen: »Natürlich nicht. Meinst du, ich bin verrückt?

Meinst du, ich will als Verräterin in die Geschichte der Stadt eingehen? Nein, niemals. Ich habe einen Ruf zu verlieren. Ich muss meinen Tausenden Schülern und Schülerinnen und ihren Eltern als Vorbild dienen. Ja, das ist es, was ich will. Aber ich habe Angst. Schreckliche Angst, dass ich abgeholt werde. Dass mir eine Tüte über den Kopf gezogen wird und ich abgeführt werde. Wer weiß, wohin? Wer weiß, für wie lange? Wer weiß, was sie mir antun würden? Ich habe Angst. Schreckliche Angst! Aber ich will keine Verräterin sein.«

Ich blieb noch eine Weile bei ihr. Einen wirklich klugen Ratschlag hatte ich nicht. Sie befand sich in einer gefährlichen Sackgasse. Dem war ich mir sehr wohl bewusst. Was hätte ich ihr raten sollen? Ihre Werte verraten oder ihr Leben riskieren?

19. JULI 2022

FREIHEIT IN GEFANGENSCHAFT

Dorogaya Annatschka,

das Gespräch mit Masha hat mich tief getroffen.

Zwei Tage sind vergangen, aber ihr Blick, ihre Tränen, ihre Angst, gehen mir nicht aus dem Kopf.

Wir leben in einer Art offenen Vollzugsanstalt. Wir können uns innerhalb der Anstalt relativ frei bewegen. Wir können spazieren gehen, essen, lachen, feiern.

Doch Wächter beobachten uns. Sie beobachten uns auf Schritt und Tritt. Ihre Augen sind auf uns gerichtet. Sie entscheiden darüber, ob wir weiterhin essen, lachen, feiern können. Oder eben nicht. Sie entscheiden darüber, ob unsere Zeit auf dem Innenhof der Anstalt eingeschränkt wird. Ob wir nur in einem bestimmten Teil der Anstalt spazieren gehen können. Ob wir morgen Brot zum Frühstück haben werden. Oder eben nicht.

Sie entscheiden über alles und jeden von uns.

Masha steckt in einem Dilemma. Sie hat sich offensichtlich für die eine Seite, die ukrainische Seite, entschieden, obwohl die andere Seite, die russische, den Hammer und vor allem den Elektroschocker, in der Hand hält.

Ob das mutig ist? Ich denke ja. Aber auch ein wenig lebensmüde.

Was hättest du getan, liebe Anna? Wärst du hier, müsstest auch du dich entscheiden, ob du mit den neuen Herren gemeinsame Sache machst, oder ob du dich weigerst, in der Hoffnung, dass deine eigene Regierung und Armee dir endlich zu Hilfe eilen.

Doch es kommt niemand.

Kiew ist weit weg.

Von ukrainischen Soldaten fehlt jede Spur.

Also gibt es in der Vollzugsanstalt nicht einmal eine Aussicht auf eine Revolte. Wir sind Schafe, die dankbar dafür sind, dass sie nicht, beziehungsweise noch nicht, geschlachtet wurden.

Ist es nicht so?

Und was würde Vowa tun? So wie ich ihn kenne, würde er sich den Aufständischen im Gefängnis anschließen. Er würde sich in Gefahr bringen für seine Ideologie.

Für seine Heimat.

Für die Freiheit!

Denn ist die erst einmal weg, dann gibt es keinen Weg zurück.

War es nicht schon immer so in der Geschichte? Wie war es im Zweiten Weltkrieg? War es anders? Natürlich war vieles anders und ich bin der Letzte, der irgendwelche absurden Parallelen zwischen dem von den Deutschen damals begangenen industriellen Massenmord und den Machenschaften der Russen heute in Cherson ziehen will.

Eine Sache jedoch ist vergleichbar, und davon bin ich mehr als überzeugt: Menschen befanden sich auch damals in einem offenen Gefängnis. Wenn man mit der Ideologie konform war, dann konnte man sich den neuen Wächtern anschließen und Teil des neuen Systems werden. Viele haben es gemacht. Ich glaube, es gab zur Zeit des Zweiten Weltkrieges mehr Wächter als Inhaftierte. Vor allem in Deutschland, aber leider auch in der Ukraine.

Im Fall von Cherson heute, so scheint mir, weigern sich weite Teile der Bevölkerung, die Seiten zu wechseln und sich den Wächtern anzuschließen.

Um ehrlich zu sein, es überrascht mich sehr.

Waren wir nicht alle sehr russlandaffin? Sind wir nicht alle im Schatten des großen Bruders in Moskau aufgewachsen und erzogen worden? Wie kommt es, dass so viele nicht bereit sind, offiziell zum großen Bruder zu gehören?

Putin ist ganz sicherlich auch überrascht. Er bildete sich wahrscheinlich ein, dass seine Truppen mit offenen Armen begrüßt würden. Mit Blumen beworfen würden. Umarmt und geküsst würden.

Das Gegenteil ist jedoch der Fall.

Viele Menschen in Cherson haben in den letzten Monaten eine ukrainische Identität angenommen. Eine Beziehung zur ukrainischen Flagge und Hymne entwickelt. Selbst die ukrainische Sprache wird anstelle der russischen Sprache mittlerweile bevorzugt gesprochen. Das war bis zum 24. Februar nicht der Fall.

Ich habe diesen Prozess der ukrainischen Selbstfindung bei Vowa mit eigenen Augen mitverfolgen können. Vowa ist heute ein stolzer Ukrainer. Zwar in Deutschland lebend, aber ein stolzer Ukrainer. Bis vor Kurzem war er weder Deutscher noch ein stolzer Ukrainer. Zumindest hat er nichts zu befürchten, wenn er sich pazifistisch äußert.

Bei Masha und vielen anderen hingegen, die sich in dieser offenen Gefangenschaft befinden, könnte eine Identifizierung mit ukrainischen Symbolen eventuell lebensgefährliche Folgen haben.

30. JULI 2022
PTITSCHKA, DER KLEINE ROTE SPATZ

Dorogaya Annatschka,

kannst du dich noch daran erinnern, wie ich dir von den Hunden der Pogranitschnikyi schrieb, die ohne jegliche Vorwarnung herrenlos wurden? Das war in den ersten Tagen des russischen Überfalls. Unsere Polizei hat sich aus dem Staub gemacht und ihre Polizeihunde zu Streunerhunden gemacht.

Nur ist es nicht bei einigen Dutzend Streunerhunden geblieben. Ganz Cherson ist voll von streunenden Hunden und Katzen. Unübertrieben, die Hälfte der Bevölkerung ist in den letzten Monaten weggezogen, ausgewandert und vor den Russen geflohen. Gleichzeitig hat sich die Anzahl an Straßentieren verdoppelt, wenn nicht verdreifacht.

Wo das Auge nur hinschaut sieht man Hunde und Katzen. Im näheren Umfeld von Müllhalden. Auf Spiel-, und Sportplätzen. Mitten auf der Straße. Sogar an Hauseingängen bei uns hier in Schumenskyi. Auch am Eingang zu meinem Wohnblock haben sich mehrere Hunde eingenistet. Das liegt in erster Linie daran, dass Pascha, der Kriegsveteran, sich um die streunenden Tiere kümmert und ihnen Essen bringt.

Stell dir vor, wie es ist, kaum etwas für sich selbst zu haben, aber dennoch täglich das letzte Stück Brot mit Tieren vor der Tür zu teilen. So ist Pascha. Das ist ehrenhaft, hat aber auch eine Kehrseite, und zwar die, dass sich ein richtiger Zoo in unserer Gegend entwickelt hat. Man kann zu keinem Zeitpunkt des Tages mehr einen Fuß vor dir Tür setzen, ohne Hunden und Katzen über den Weg zu laufen.

Doch damit nicht genug. Hunde rennen Autos auf offener Straße hinterher, jaulen am Tag, jaulen in der Nacht, und es macht die Runde, dass schon mehrmals kleine Kinder von Streunerhunden angegriffen und verletzt worden seien.

Also, alles im Rahmen des »normalen« Alltags hier in Cherson.

Es fällt mir schwer zu glauben, dass es an einem anderen Ort der Welt derartige Zustände gibt. Teilweise sieht man mehr streunende Tiere auf der Straße als Menschen. Wenn wir jetzt noch die vielen verschiedenen Vogelsorten, die uns in Cherson über den Köpfen fliegen, dazuzählen würden, dann würden wir Menschen ohne Zweifel eine verschwindende Minderheit an sichtbaren Lebewesen ausmachen.

Dabei standen wir doch kurz davor, Mitglied in der Europäischen Union zu werden.

Es wirkt alles so surrealistisch.

Wie du weißt, hatte ich selbst einmal einen Hund. Einen deutschen Schäferhund. Mishka. Er war eine treue Seele. Hat mir immer zur Seite gestanden. Besonders nach der Scheidung von deiner Mutter hat er mir enorm gutgetan. Er hätte niemals jemandem etwas Böses antun können. Im Gegenteil. Er war ein wahrer Freund und Helfer. So wie man sich den besten Freund des Menschen vorstellt.

Er hat uns vor drei Jahren verlassen. Im Alter von 13 Jahren. Wie sehr habe ich um ihn getrauert! Zum ersten Mal bin ich jetzt glücklich, dass er heute nicht mehr unter uns weilt. Ihm bleibt der Anblick Hunderter Hunde erspart, die kein warmes Zuhause haben und sich auf der Straße durchkämpfen müssen.

Alles ist erlaubt, um zu überleben.

So wie im Dschungel.

Bestimmte Dinge, die mich in der Vergangenheit erschreckt, verwundert oder angeekelt hätten, berühren mich kaum noch. Fast täglich lässt sich beobachten, wie Hunde sich über Katzen und Vögel stürzen und sie fressen. Nicht diskret, hinter der Müllhalde, sondern vollkommen ungeniert auch direkt am Eingang zu meinem Treppenhaus. Beim ersten Mal, als ich gesehen habe, wie ein Hund einen Vogel auseinandernahm, hatte ich ein äußerst unwohles Gefühl dabei. Es war ein Ptitschka, ein kleiner brauner Vogel. Ich habe ihn als roten Vogel in Erinnerung. Keine Ahnung, ob es am Blut lag, das aus dem Vogel floss und Braun zu Rot werden ließ, oder ob ich so geschockt war über diesen Anblick, dass ich mir einbilde, Rot gesehen zu haben.

Beim zweiten und dritten Mal ekelte es mich an.

Je öfter ich mit dieser Situation konfrontiert wurde, desto mehr gewöhnte ich mich an dieses neue Straßenszenario. Irgendwann berührte es mich nicht mehr. Ich fing an, an der Fressorgie vorbeizuschauen, als ob sie nicht stattfinden würde.

Im Endeffekt versuchen all die vielen Hunde nur zu überleben.

Sie haben keinen Marktplatz. Keine Brotwagen. Keine Wasserverkaufsstellen.

Sie haben nur ihren eingebauten Überlebenssinn, der ihnen vermittelt, zu tun, was getan werden muss.

Um zu leben.

Um zu überleben.

1. AUGUST 2022

EINE STADT IM KOMA

Dorogaya Annatschka,

heute auf den Tag vor genau zwölf Jahren standst du mit Arye unter der Chuppa, dem Traubaldachin bei einer jüdischen Hochzeit, und hast ihm in Jerusalem dein Jawort gegeben. Du hast dich für ihn entschieden, bist zu ihm gezogen und hast ein neues Leben in Israel begonnen.

Anfangs hatte ich so meine Zweifel. Es fiel mir nicht leicht, einfach meine einzige Tochter, die ich über alles in der Welt liebe, einem mir fremden Mann zu überlassen. Ein fremder Mann, der nicht wie wir ist. Im Gegenteil, zu allem Übel auch noch aus einer komplett anderen Kultur stammt.

Bis heute habe ich nicht vollständig verstanden, wer er wirklich ist. Seine Eltern sind im Iran geboren. Er in Göttingen. Angeblich wuchs er unter Muslimen in einem Berliner Problembezirk auf. Anscheinend hatte er mit seiner jüdischen Religion nichts am Hut. Er kannte keine jüdischen Feiertage, hatte keine jüdischen Freunde und wusste weder über den Holocaust noch über den jüdischen Staat Israel bescheid. Du meintest einmal, Arye hätte als Jugendlicher Persisch, Türkisch und Arabisch verstanden, aber das hebräische Begrüßungswort und Wort für Frieden »Shalom« nicht gekannt. Das und vieles mehr bereitete mir Kopfschmerzen. In wen hatte sich meine kleine Annatschka nur verliebt, fragte ich mich damals täglich.

Dann kamt ihr mich besuchen, in Cherson, deiner Geburtsstadt. Arye machte auf mich einen sehr sympathischen und vor allem interessierten Eindruck. Er versuchte, unsere Kultur und alles was damit zusammenhängt zu verstehen und ein stückweit aufzunehmen. Bemühte sich, am Gespräch teilzunehmen, obwohl er nur gebrochenes Russisch sprach. Verzichtete in den zwei Wochen seines Aufenthalts bei mir auf seinen Basmati-Reis und nahm die tägliche Portion Kartoffeln mit Dankbarkeit an.

Obwohl dein Mann und ich bis heute keine tiefgehenden Gespräche über Gott und die Welt führen können, habe ich Vertrauen zu ihm aufgebaut. Sein Russisch ist auch viel besser geworden und er betont bei jeder Gelegenheit, wenn du ihn an unserem Telefongespräch teilnehmen lässt, dass er mittlerweile ein großer Freund der russischen Küche sei. Besonders Teigwarengerichte mit Fleischfüllung, wie Pilmeni und Pirajok, sollen es ihm angetan haben, dennoch sagt er, und lacht dabei, bevorzuge er nach wie vor seinen Reis. Wir scheinen den Perser nicht aus ihm rauszubekommen.

Heute seid ihr in Deutschland gelandet. Der 1.8. ist nicht nur euer Hochzeitstag, sondern auch der Geburtstag deiner Mutter. Mit eurem Besuch bereitet ihr deiner Mutter ganz sicherlich eine riesige Freude, insbesondere weil sie eure beiden Kinder so sehr liebt und sie sich nichts lieber zum Geburtstag wünscht, als ihre Enkelkinder bei sich zu haben.

Vowa hat sich auch schon besser eingelebt, auch wenn er noch keinen richtigen Satz auf Deutsch zustande bringt. Er scheint es zu schätzen zu wissen, dass Deutschland ihm ein sicheres neues Zuhause gibt, weit weg von seiner instabilen und gefährlichen Heimat Cherson.

Das ist schon bemerkenswert. Deutschland gehört zu den Ländern auf der Welt, die ein großes Herz für Flüchtlinge haben. Ich weiß nicht, was wirklich dahintersteckt. Ob es ehrlich gemeint ist. Oder ob es einen direkten Faden zur Vergangenheit, zum Zweiten Weltkrieg und der Lektion »Nie wieder«, was auch immer damit gemeint ist, gibt. Flüchtlingen also nicht geholfen wird, um wirklich Menschen in Not zu helfen, sondern man bereit ist, Menschen zu helfen, um sich in erster Linie selbst auf die Schulter klopfen, und morgens aufrecht in den Spiegel gucken zu können. Um vor der Weltgemeinschaft klar und deutlich zu machen, dass die Deutschen aus der Vergangenheit die richtigen Schlüsse gezogen haben. Und dass sie heute andere Deutsche sind. Zu den Guten gehören.

Wie dem auch sei, Vowa muss dankbar sein, denn mit seiner patriotischen Einstellung hätte er sich ohne Zweifel in Gefahr gebracht, wenn er in Cherson geblieben wäre. Insbesondere in diesen Sommertagen des August 2022. Die Russen haben die Stadt komplett unter ihre Kontrolle gebracht. Überall haben sie ihre Kollaborateure und Informanten. Öffentlichen lokalen Widerstand gibt es schon lange nicht mehr. Ganz zu schweigen von Rettungskräften aus Kiew.

Cherson hat sich in eine Stadt im Komazustand verwandelt.

Außenstehende könnten den Eindruck erhalten, dass alles absolut normal ist. Supermärkte, Banken und Apotheken haben wieder geöffnet. Restaurants sind gut besucht. Trolebusse und Marschrutkas fahren durch die Stadt. Selbst Uniformierte sieht man nicht mehr oder weniger als vor dem Ausbruch des Krieges.

Doch ich bin kein Außenstehender. Diese Stadt ist alles, was ich auf der Welt kenne.

Wenn etwas im Kern kaputt ist, bringt eine polierte Außenfassade beziehungsweise Oberfläche wenig.

Stell dir ein Gemüse oder eine Frucht vor. Sagen wir eine Banane. Jetzt stell dir vor, die Banane hätte eine relativ saubere, kaum beschädigte, gelbe Schale. Du freust dich auf den Genuss der Banane, schälst sie mit viel Vorfreude. Doch dann kommt das Innere der Banane zum Vorschein und du kannst deinen Augen nicht trauen. Die Banane ist schlecht und zum Verzehr nicht mehr geeignet. Innen ist sie nämlich nicht mehr saftig gelb, auch nicht schmackhaft gelb-braun, sondern grün, mit weißen Punkten und einem sehr strengen und abstoßenden Geruch.

Oberflächlich wirkt Cherson wie eine normale Stadt. Menschen versuchen, das Leben zu leben. Doch unter dem Teppich, unter der Fassade, unter der Schale, machen Angst und Hoffnungslosigkeit sich breit.

August ist eine schöne Jahreszeit. Genießt die Zeit in München.

Macht euch keine Sorgen um mich. Ich werde hier schon zurechtkommen.

12. AUGUST 2022

HINTER DEN GITTERN VERDORREN DIE ROSEN

Dorogaya Annatschka,

was macht eine fremde Besatzung mit Menschen?

Darauf gibt es keine eindeutige Antwort, weil jeder Mensch anders auf Fremdherrschaft reagiert.

Es gibt diejenigen, die sich sofort mit den neuen Herrschern »ins Bett legen« und Nutzen aus der neuen Situation ziehen. Das können Ladenbesitzer sein, die einfach nur daran interessiert sind, ihren Laden weiter führen zu dürfen. Also weder aus politischen noch ideologischen Gründen.

Das können Mitarbeiter der Stadtverwaltung sein, die in ihrer Karriere nicht weitergekommen sind und sich einen Karrieresprung nach oben erhoffen, wenn sie mit den neuen Chefs kollaborieren.

In der Regel jedoch sind diejenigen, die mit Besatzern kooperieren, nur eingeschüchterte Menschen, die Angst um sich und ihre Liebsten haben.

Das ist menschlich. Wer will schon unnötig sein Leben aufs Spiel setzen? Besonders wenn man ideologiefrei ist.

Es gibt aber auch jene, die auf die Fremdherrschaft mit Wut und Ablehnung reagieren. Sie organisieren sich und setzen sich zur Wehr, um die Eindringlinge, die ihr Leben auf den Kopf stellen wollen, in die Flucht zu schlagen oder zumindest ihren Aufenthalt, fern von ihrer Heimat auf einem Boden, der ihnen nicht gehört, so unerträglich wie nur möglich zu machen. Das gibt es auch. Hier ist die Rede von mutigen Menschen, die verstehen, dass ihr Einsatz dringend notwendig ist, wenn sie ihre Freiheit verteidigen wollen. Schließlich garantiert niemand ihnen, dass fremde Herrscher ihnen Freiheiten gewähren; wahrscheinlicher ist, dass sie ihnen das Leben zur Hölle machen. In der Geschichte gibt es etliche Beispiele von Krieg und anschließender Fremdherrschaft und wie Menschen erniedrigt, vergewaltigt, misshandelt, gefoltert und öffentlich exekutiert wurden.

Wir müssen nicht einmal zurückblicken. In manchen Ländern herrschen auch heutzutage, während ich dir diese Zeilen schreibe, menschenrechtsverachtende Diktatoren, die mithilfe ihrer Schergen jeglichen Widerstand im Keim ersticken lassen. Ein Blick in den Iran sollte genügen, um festzustellen, wie unerträglich das Leben für Frauen, Minderheiten, Studentinnen und Oppositionelle des Mullah-Regimes ist.

Also warum sollte man es erst so weit kommen lassen beziehungsweise das Risiko eingehen, dass man aufgrund der eigenen Apathie und Untätigkeit Gefahr läuft, eines Tages seiner Freiheiten beraubt zu werden? In seiner eigenen Heimat.

Unter diesen sich zur Wehr setzenden Bürgern und Bürgerinnen ist nicht jeder ein großer Held, der die Waffe in die Hand nimmt und wie Dima sich dem Feind in den Weg stellt und letztendlich mit seinem Leben bezahlt. Es gibt auch viele Marijas, die jeder und jede für sich passiv Widerstand leisten. Soll heißen, sie weigern sich bewusst und mit voller Überzeugung, mit den neuen

Herrschern zu kooperieren, ganz gleich welche Konsequenzen ihr Handeln zur Folge hat.

Zwischen diesen zwei, sagen wir, »Extremen«, die wir als Schwarz und Weiß bezeichnen können, existieren sehr viele Grautöne. Die breite Masse befindet sich meiner Meinung nach in der Grauzone.

Ich befinde mich in der Grauzone!

Wir sind Menschen, die zwischen allen Stühlen sitzen. Denen alles zu schnell ging. So schnell, dass wir noch nicht einmal nachvollziehen können, was genau los ist und wie es weitergehen soll und wird. Wir haben größtenteils auch nicht entschieden, wie wir uns positionieren wollen, weil wir ideologiefrei sind und eigentlich nur einen Wunsch haben: Wir wollen nur so weiterleben wie vorher.

In unserem Fall hier ist es auch nicht so wie bei euch in Israel.

Israel wurde 1967 von mehreren arabischen Armeen angegriffen, hat sich erfolgreich verteidigt und Gebiete besetzt. Unter anderem auch das Westjordanland, beziehungsweise Judäa und Samaria, wie Rabbiner Fuchs stets betont. Das Westjordanland war vorher unter jordanischer Herrschaft, davor unter britischer Herrschaft und davor unter osmanischer Herrschaft.

Seit Sommer 1967 wird dieser Teil der Region, der für das jüdische Volk von großer Bedeutung ist, aufgrund der Gräber der Vorväter und Mütter in Hebron und Nablus, von Israel verwaltet. Das ist nicht einfach, weil die arabische Bevölkerung dort nicht von den Juden regiert werden will. Verständlich. Deshalb gab es von Anfang an Gegenwehr, in Form von Protesten und Terroranschlägen.

Israel hat mehrmals versucht, eine Lösung für die Situation zu finden und unterzeichnete auch in mindestens drei Fällen einen Teilungsplan. Direkt im Anschluss an den Sechstagekrieg, im Jahre 2000 unter dem israelischen Regierungschef Ehud Barak und im Jahr 2008 unter Ehud Olmert. Die arabische Seite winkte ab und weigerte sich, ja zu einem finalen Status und Teilungsplan zu sagen. Also herrscht Israel weiter über Hunderttausende Araber, die mal »schwarz«, mal »weiß« und wahrscheinlich sehr oft einfach nur Teil der breiten Grauzone sind.

Bei uns in Cherson ist die Lage wie gesagt eine komplett andere.

Ein grundliegender Unterschied ist, dass die Ukraine nie Russland angegriffen hat. Es gab auch keine Pläne für solch einen Angriff. Russland hat die Ukraine im Jahr 2014 angegriffen, um sich Gebiete anzueignen, die entweder einmal zu Russland gehört haben, oder wo die ethnisch russische Bevölkerung die Mehrheit stellt, wie in Teilen des Donbass, im Osten der Ukraine.

Krieg und menschliches Leid wurden im Fall der Ukraine und somit auch Chersons ausschließlich aus egoistischen, machthaberischen und geopolitischen Gründen entfacht.

Die Geschehnisse in der Ukraine sind somit in keinster Weise vergleichbar mit der Situation, in der sich Israel und die Palästinenser befinden.

Jedoch gibt es eine Sache, die meines Erachtens ähnlich ist, vollkommen unabhängig davon, wie es dazu gekommen ist und welche Seite Schuld hat oder nicht: sehr viele Menschen, die sich in einer Grauzone wiederfinden.

Was macht so ein Leben mit den Menschen?

Was macht so ein Leben unter Besatzung mit den Menschen?

Die Ausmaße werden erst in einigen Jahren zum Vorschein treten. Jetzt ist es noch zu früh, um eine Entwicklung Chersons und der Ukraine vorherzusagen. Wer weiß, vielleicht wird der Westen einspringen und Truppen schicken, um unsere Freiheit zu verteidigen.

Gerüchte von westlicher Unterstützung und einer ukrainischen Armee, die sich an anderen Orten im Land erfolgreich gegen die Russen durchsetzt, sind in aller Munde.

Doch mit Gerüchten kann ich mir kein Brot kaufen. Und mit Gerüchten wird es all den Menschen nicht besser gehen.

———— ~ ————

24. AUGUST 2022

UNABHÄNGIGKEITSTAG OHNE UNABHÄNGIGKEIT

Dorogaya Annatschka,

heute findet in der Ukraine der Unabhängigkeitstag statt.

Besser gesagt, heute findet der Unabhängigkeitstag nicht statt.

Du weißt, ich war noch nie ein großer ukrainischer Patriot. Olena auch nicht. Ruslan war es auch nie. Der 24. August hat uns nie wirklich etwas bedeutet. Hier in Cherson fand nie wirklich etwas Pompöses statt, worüber ich dir hätte berichten können. Man freute sich, dass es ein Feiertag war und man nicht zur Arbeit gehen musste. Das wars. Viel mehr stand nicht dahinter, wenn du mich fragst.

In der Hauptstadt Kiew hingegen wurde jedes Jahr ein großes Spektakel daraus gemacht und die Festlichkeiten wurden auf allen Fernsehkanälen verbreitet, damit jeder Ukrainer und jede Ukrainerin, auch im kleinsten und abgelegensten Dorf im Land, es mitbekommen und ihr Nationalstolz wächst. Ich glaube mit relativer Sicherheit behaupten zu können, dass genau das, also das übertrieben stolze Muskelzeigen in Kiew, viele Menschen fern von der

Hauptstadt, auch hier im Süden, eher abgestoßen hat. Nicht jeder identifizierte sich damit. Nicht weil man nicht unabhängig sein wollte, natürlich wollten und wollen alle unabhängig sein, sondern weil viele von uns, die vor 1990 im Rahmen der Sowjetunion aufgewachsen sind, keinen lokalen Nationalstolz beigebracht bekommen und somit nie entwickelt haben.

Vowa sieht das natürlich anders. Er hat mich vorhin aus München angerufen und mir zum Unabhängigkeitstag gratuliert.

Natürlich ist mir klar, dass der Unabhängigkeitstag so fest bei ihm im Kopf verankert ist, wie Novij God.[14] Das liegt daran, dass Vowas Generation, die nach 1990 noch zur Schule ging, einen anderen Lehrplan hatte. Seine Generation war die erste nach dem Zusammenbruch der Sowjetunion, der allen voran die ukrainische Geschichte beigebracht wurde, während mir, Olena, Ruslan und deiner Mutter die sowjetische Narrative eingetrichtert wurde.

Vowas Helden waren keine Sowjets, die die Nazis geschlagen haben, sondern Ukrainer, die sich im Laufe der turbulenten Geschichte der Ukraine für das ukrainische Volk eingesetzt haben. Wenn du willst, lokale, statt globale Helden. Während zu meiner Zeit als Heranwachsender die Idee eines Nationalstaates und der damit verbundene Nationalstolz der Feind waren, wird den jungen Ukrainern heutzutage beigebracht, dass die ukrainische Nation eine stolze Nation sei, mit eigener Geschichte, Flagge, Hymne, und sehr vielen Helden.

Es ist so wie es ist. Ich kann Vowa nicht für seine Ansichten kritisieren, so wie er sich nicht über meine Wahrnehmung aufregen sollte. Jede Generation wächst eben in einer anderen Realität auf.

Vowa hat mich also angerufen und mir gratuliert, und ich frage mich, ob Vowa im gemütlichen Deutschland überhaupt noch nachvollziehen kann, wie es uns hier in Cherson ergeht? Von welcher Unabhängigkeit ist überhaupt die Rede? Wir sind weit entfernt davon. Unabhängigkeitstag ohne Unabhängigkeit ist im besten Fall ein schlechter Witz, insbesondere wenn einem dazu gratuliert wird.

Eine Sache ist besonders bitter in diesem Zusammenhang und es beweist, falls es wahr ist, wie extrem weit Cherson und das Wort Unabhängigkeit voneinander entfernt liegen.

Olena hatte mir vor einigen Wochen einmal erzählt, dass sie im Krankenhaus Menschen angetroffen hat, die ihr erzählt haben, die Russen würden ukrainische Kinder entführen. Ich war zuerst fassungslos und wollte meinen Ohren nicht trauen. Warum sollten sie das tun? Fehlt es an Kindern in Russland? Ich fragte mich viele Fragen und kam zu der nüchternen Feststellung, dass diese Behauptungen Quatsch seien. In der heutigen Realität, in der wir uns befinden, erzählen Menschen viel, wenn der Tag lang ist. Es werden auch immer wieder Gerüchte verbreitet über dies und jenes. Ich folge all dem gar nicht mehr, weil mir klar ist, dass viele Menschen aus Frust Dinge erzählen, die auf keiner Faktenlage basieren. Es ist an sich schon sehr schwer, unabhängige Informationen zu erhalten. Noch schwerer, wenn nicht ausgeschlossen, ist es, von Kriegsverbrechen vonseiten der russischen Armee und Administration mitzubekommen.

Sie kontrollieren doch alles und jeden. Ich ging davon aus, dass es Propaganda war, um die Menschen in Cherson zu schockieren und ihre generelle negative Haltung gegenüber der russischen Besatzungsmacht zu stärken.

Ich wünschte so sehr, dass ich mit meiner Analyse richtig lag, doch ausgerechnet heute, am Unabhängigkeitstag, bin ich im Treppenhaus Alona und Boris begegnet. Alona weinte. Boris versuchte, sie zu trösten. Ich konnte nicht anders, als nachzufragen, was denn los sei.

»Juri, sie verschleppen unsere Kinder«, sagte Boris mit ernstem Blick. »Die Russen kidnappen ukrainische Kinder und transportieren sie nach Russland.«

Sofort erinnerte ich mich an die Worte Olenas und antwortete: »Olena hatte mir vor einigen Wochen etwas Ähnliches erzählt, aber ich konnte es nicht glauben und habe es als erfundene Geschichte abgetan. Du sagst, es ist wahr?«

Alona verabschiedete sich und ging in ihre Wohnung im 1. Stock und ließ uns alleine zurück am Eingang zu unserem Wohnhaus.

»Ja, ich bin fest davon überzeugt, dass es wahr ist. Auch ich habe in den letzten Monaten sehr viele Gerüchte gehört und vieles nicht glauben wollen. An dieser Sache jedoch ist definitiv etwas dran. Ich habe Freunde, die Freunde in Hilfsorganisationen haben, die Dinge wissen.«

Wie reagiert man auf so eine Nachricht? Keine Ahnung. Ich war auf all das nicht vorbereitet. Dabei hatte ich mir eingebildet, dass ich mit meinen 73 Jahren genug Lebenserfahrung habe, um mit jeder Situation zurechtkommen zu können.

Dem ist leider nicht so.

Ich fühlte das dringende Bedürfnis, mich hinzusetzen, und bat Boris, ein paar Schritte in den Innenhof zu gehen. Auf dem Spielplatz gibt es ein paar Bänke.

Wir setzten uns. Es war still um uns herum.

TEIL III

1. OKTOBER 2022
WIEDER KRIEG?

Dorogaya Annatschka,

ich hätte nicht gedacht, dass ich dir wieder schreiben werde, doch mir scheint, Cherson ist noch nicht verloren. Dazu später noch.

Als ich dir zum letzten Mal geschrieben habe, am Unabhängigkeitstag, hatte ich mir fest vorgenommen, dich nicht mehr mit meinen Geschichten hier aus Cherson »zu belästigen«.

Wie oft hätte ich dir denn noch von dem grauen Alltag hier berichten können? Wie ich Brot kaufe oder Wasser schleppe? Wie ich mich mit Leuten unterhalte, ob im Treppenhaus oder auf der Parkbank? Welche weiteren Gruselgeschichten ich hier über entführte Kinder oder von den russischen Behörden mit der Tüte über dem Kopf abgeführte Nachbarn zu hören bekomme?

Für mich war klar, wir waren am Ende der Geschichte angekommen. Zumindest der Geschichte eines freien ukrainischen Chersons. Eine rund 32-jährige Geschichte.

Mit der russischen Übernahme der Stadt hat im März eine neue Chersoner Geschichte begonnen. In den ersten Wochen konnte noch niemand hier einschätzen, auf welche Zeitspanne es die russischen und tschetschenischen Truppen abgesehen hatten. Man konnte nicht wissen, ob es sich um eine eingeschränkte und zeitlich begrenzte Militäroperation vonseiten der Russen handeln würde, in der Cherson in erster Linie als Stützpunkt dienen sollte, mit dem Ziel, wichtigere Ziele, allen voran Odessa, über Landwege zu erreichen und einzunehmen. Oder ob das russische Vorgehen in Cherson eine langfristig angelegte Sache war, mit dem Ziel, die Stadt an Russland anzuschließen.

Nur ein bis zwei Monate nach Anfang der Kriegshandlungen in und um Cherson herum hatte niemand mehr Zweifel daran, dass es sich um die letztere Option handelte:

Die Russen waren gekommen, um zu bleiben!

Sie haben Banken und Supermärkte übernommen. Ukrainische Internetanbieter abgeschafft und an ihre Stelle Cherson dem russischen Netz angeschlossen. Verbreitung ukrainischer Zeitungen eingestellt, stattdessen russische Zeitungen eingeführt. Und wem das noch nicht genug war, um zu akzeptieren, dass eine Russifizierung der ganzen Stadt in vollem Gange war, der war spätestens nach der Entführung unseres Bürgermeisters Kolykhaiev und der Einsetzung eines russischen Mannes an seiner Stelle überzeugt, dass in Cherson am 24. Februar 2022 eine neue Zeitrechnung begonnen hatte.

Es gab nichts mehr zu berichten. Nichts mehr zu veranschaulichen. Wir Chersoner hatten uns mit der neuen Realität abgefunden. Wir wurden nicht gefragt, was unsere Meinung zu all den Veränderungen war.

Wir interessierten niemanden.

Es ging und geht nach wie vor nicht um uns oder mich.

Wir leben hier nur.

Doch das letzte Wort scheint noch nicht gesprochen zu sein. Im Internet kursieren Berichte, in denen nicht nur behauptet wird, dass die ukrainische Armee an anderen Orten im Land erfolgreich gegen die russischen Truppen vorgeht, sondern auch, dass sie sich auf eine Wiedereinnahme verlorener Gebiete im Süden des Landes vorbereitet. Die Tage Chersons unter russischer Belagerung sind angeblich nur noch eine Frage der Zeit. Der Westen stehe felsenfest hinter Kiew und unterstütze die ukrainischen Kämpfer mit allen Mitteln.

Angeblich sei die ukrainische Armee schon nach Cherson Oblast eingedrungen. Schon seit Ende August.

Kaum haben auch die Letzten hier mit Kiew und dem Westen abgeschlossen und die letzte Hoffnung auf eine Befreiung der Stadt aufgegeben, häufen sich derartige Meldungen. Das Internet ist voll davon. Kann ich, besser gesagt, können wir hier in Cherson, all diesen Berichten und Behauptungen Vertrauen schenken? Handelt es sich womöglich um eine bewusst angesetzte psychologische Propaganda vonseiten Kiews und des Westens, mit dem Ziel, die russischen Truppen zu verunsichern oder Putin zu übereilten Fehlentscheidungen zu verleiten?

Mir kommt es so vor, als sei Cherson der Spielball.

Im Endeffekt ist Cherson, wenn überhaupt, sowohl für die Russen als auch für Kiew und den Westen, nur ein Mittel zum Zweck. Ist es nicht so?

Hunderttausende Menschen leben hier und lieben diese Stadt. Auch diejenigen, die in den letzten Monaten weggezogen sind, warten nur darauf, wieder in die Heimat zurückkehren zu können, weil auch sie einen unzertrennlichen Bund mit Cherson geschlossen haben.

Cherson ist alles, was wir kennen. Wir haben nie woanders gelebt. Das ist unsere Heimat.

Wir wollen kein Spielball sein!

Die Meldungen machen mir irgendwie Angst. Angst vor einem erneuten Kriegsausbruch in Cherson. Denn falls die ukrainische Armee wirklich nach Cherson vorstoßen sollte, dann wird es zu Gefechten kommen. Wir Bewohner werden ins Kreuzfeuer geraten.

Ich werde ins Kreuzfeuer geraten.

Es wird viele Tote und Verletzte geben. Niemand kann voraussehen, welches Ende dieser in Cherson ausgetragene Machtkampf haben wird. Niemand kann uns versprechen, dass unsere Männer siegen werden. Und was, wenn sie verlieren? Würde die russische Besatzung uns dann nicht noch stärker die Schlinge um den Hals zuziehen? Das Leben in Cherson noch unerträglicher machen?

Aber irgendwie machen mir die Meldungen über Erfolge des ukrainischen Militärs auch Hoffnung. Gibt es vielleicht doch noch eine Möglichkeit, dass wir die Zeit zurückdrehen können?

In etwa so, als sei das letzte halbe Jahr nur ein böser Alptraum gewesen?

Wie dem auch sei, ich will nur kein Spielball sein.

8. OKTOBER 2022

ZUM GEBURTSTAG PILMENI AUS GOLD

Dorogaya Annatschka,

seit Tagen gehe ich kaum noch vor die Tür. Selbst Brot lasse ich mir von Olena oder Boris mitbringen.

Zu sehr bin ich ans Internet gefesselt. Ich gehe in jede Facebook-Gruppe rein, lese jeden Bericht, schau mir jedes Video an, um auf dem Laufenden zu bleiben. Es sieht nämlich ganz so aus, als habe Kiew uns nicht im Stich gelassen. Ukrainische Soldaten kämpfen sich Richtung Cherson durch.

Sie kommen, um uns zu befreien.

So ist es. Wer hätte das gedacht?

Das schmeichelt mir einerseits sehr. Andererseits jedoch sehe ich Aufnahmen von zerbombten Wohngegenden in Mariupol und anderen Städten im Süden des Landes, die mir große Sorgen bereiten. Es gibt Gegenden, wo jedes Haus, entweder teilweise oder komplett, zerstört ist. Ganze Wohnblöcke, die nicht mehr bewohnbar sind. Häuser, die ausgebrannt sind. Kein Fenster, das sich mehr im Fensterrahmen befindet.

Geisterstädte!

Menschen können nicht mehr in ihren eigenen Wohnungen wohnen. Wohin gehen all diese Leute, deren Häuser in Grund und Boden gebombt wurden? Wohin würde ich gehen, wenn mein Haus zerstört werden würde? Allein der Gedanke bereitet mir Kopfschmerzen.

Eines steht fest, Putin wird nicht einfach so das Handtuch schmeißen. Er wird sich nicht von Bidens oder Selenskyis Sprüchen imponieren lassen. Die russischen Truppen werden sich auch nicht einfach mal so von der ukrainischen Armee beeindrucken lassen.

Im Gegenteil, die Russen werden sich auf den Einmarsch ukrainischer Kämpfer vorbereiten und ihnen Fallen stellen. Es wird zu Kämpfen kommen. Die ganze Stadt wird in Schutt und Asche gelegt werden. So wie Mariupol. Supermärkte und Marktplätze werden geschlossen bleiben. Wahrscheinlich wird man keinen Fuß mehr vor die Tür setzen können, weil überall geschossen wird. Krankenhäuser werden überfüllt sein. Es wird nicht ausreichend Krankenbetten geben. Verletzte werden reihenweise im Flur liegen. Es wird nicht ausreichend Ärzte und Krankenschwestern geben, um Verletzte schnell und effizient zu behandeln. Menschen werden massenweise sterben. Es wird nicht einmal möglich sein, sie ordnungsgemäß zu beerdigen. Geschweige denn ihnen die letzte Ehre zu erweisen.

Eine Stadt unter Belagerung.

Ich muss mich abreagieren. Bitte entschuldige. Die Gedanken machen mich fertig.

Ich war jetzt eine ganze Stunde duschen. So lange wie noch nie in meinem Leben. Alle meine schlimmen Gedanken hat das fließende Wasser weggespült. Keine Träne ist mehr übriggeblieben. Ich kann mich nicht so gehen lassen. Angst ist keine Option. Hoffnung auf ein besseres Morgen muss sich in meinem Kopf festsetzen. Es liegt an mir und nur an mir, wie ich mit der Situation zurechtkomme. Niemand auf der Welt kann mir helfen.

Ich muss mich ablenken.

Dir zu schreiben, tut mir gut.

Vowa hat heute seinen 44. Geburtstag. Ihm scheint es ganz gut zu gehen in München. Sein Deutsch wird langsam auch besser, das behauptet er zumindest. So richtig gute Freunde hat er leider noch nicht gefunden. Bis auf einige wenige Flüchtlinge aus der Ukraine, die Vowa in den letzten Monaten im Wohnheim und im Deutschkurs kennengelernt hat.

Sie werden es schwer haben, sich in Deutschland zu integrieren, wirklich Fuß zu fassen, wenn sie nur unter sich bleiben und alles, was sie beschäftigt, die Entwicklungen in der Ukraine sind. Sie wollen größtenteils wieder zurück, doch wissen nicht, ob das jemals möglich sein wird. Vowa kann in jedem Fall nicht zurück. Cherson unter russischer Besatzung würde ihm nicht erlauben zurückzuziehen. Und angenommen, Cherson würde zurückerobert werden, dann könnte es sein, dass die neue ukrainische Verwaltung ihn nicht mit offenen Armen wieder in der Heimat empfängt. Eventuell würden sie ihn als Verräter, der sein Land in der Not verlassen hat, nur um sich selbst zu retten, bestrafen wollen.

Für Vowa gibt es keinen Weg zurück. Seine neue Heimat heißt Deutschland. Je eher er sich daran gewöhnt und sich integriert, desto besser für ihn.

Ich werde jetzt den Stift zur Seite legen und Vowa anrufen.

Dass es euch beide auf dieser Welt gibt, ist der Grund, warum ich am Leben bleiben will. Ihr sollt noch viele Geburtstage glücklich und in Freiheit feiern können. Du in Israel und Vowa in Deutschland. In Cherson wärt ihr weder glücklich noch frei.

Ich werde Vowa bitten, seinen Geburtstag zu feiern. Er soll nicht mehr zurück, sondern nach vorne schauen. Sich oder mich oder Cherson zu bemitleiden wird ihm absolut gar nichts bringen. Vowa weiß das.

Er hat als kleiner Junge immer sehr aufmerksam den Geschichten deines Großvaters Mikhail, möge er in Frieden ruhen, zugehört. Niemand hat so viele Stunden mit ihm verbracht. Niemand hat sich seine neun Schusswunden am Körper so oft angeguckt wie Vowa.

Mikhail hat Stalingrad überlebt. Alle seine Kameraden waren tot. Niemand von seinen Freunden hat Stalingrad überlebt. Sie waren die letzte Burg. Die letzte Mauer. Sie haben die Nazis gestoppt. Auch er hätte nicht überleben sollen. Tagelang lag er schwer verwundet zwischen Leichen. Er war so schwer verletzt, dass er sich nicht bewegen konnte und immer wieder in Ohnmacht fiel. Jedes Mal, wenn er die Augen wieder öffnete, verlor er aufgrund des grausamen Bilds, das sich ihm bot, und aufgrund des Gestanks wieder das Bewusstsein.

Doch dann wurde er von einem russischen Bauern entdeckt. Ein armer alter Mann, der sich allein durch die Leichenberge »arbeitete« und nach Überlebenden suchte. Er stieß auf Mikhail, fühlte, dass er noch am Leben war, und drückte ihm als Erstes ein kleines Stückchen Brot in den Mund.

Mikhail erzählte uns sein ganzes Leben davon, dass dieses kleine Stück Brot für ihn das Kostbarste war, was er jemals in den Mund genommen habe. Als hätte man ihm seine Lieblingsspeise Pilmeni serviert.

Der alte Bauer zog den verwundeten und halb bewusstlosen Mikhail hinter sich her und lud ihn mit sehr viel Mühe auf einen kleinen Karren, bevor er ihn langsam an vielen toten Soldaten vorbeizog. Sie erreichten seine bescheidene Bude. Dort versorgte der alte Mann Mikhail, als wäre es sein eigenes Kind.

Der alte Bauer konnte nicht ahnen, dass sein Ort in jenen Tagen groß in die Geschichte eingehen würde. Genauso wenig wie er ahnen konnte, dass er viele Jahre nach seinem Tod noch im Kopf von deinem Großvater, deiner Mutter, mir und Vowa weiterleben würde. Denn er war es, der deinem Großvater damals, weit weg von der Zivilisation, sein Leben rettete. Seitdem feierte Mikhail jedes Jahr zweimal seinen Geburtstag: an seinem von seinen Eltern geschenkten Geburtstag im Juli, und am 23. Februar, dem Tag, an dem der Bauer ihn wieder zum Leben erweckte.

Vowa soll heute feiern.

Er hat es gut und er soll dankbar sein, dass er Mikhails Überlebensgeschichten gehört hat. Es hilft ihm hoffentlich, alles was geschieht in der richtigen Proportion wahrzunehmen.

Mir zumindest hilft es.

1. NOVEMBER 2022
BTR-80 GEGEN VYSTREL

Dorogaya Annatschka,

Kraz-255 und KamAZ-43501 sind schwere Lastwagen mit Allradantrieb. BTR-80 ist ein gepanzerter Transporter aus Sowjetzeiten. BPM-97 ist ein russischer Panzerwagen. BRDM-2 ist ein gepanzertes Aufklärungspatrouillenfahrzeug. Der WPK-3924 oder Medved[15] ist ein russischer Panzerwagen.

Darüber hinaus gibt es BTR-7, BTR-60, BTR-70, Tayfun, Ural, Vystrel und wie all die verschiedenen Panzerfahrzeuge, die entweder schon mitten in Cherson stehen oder sich auf dem unmittelbaren Weg hierher befinden, noch heißen mögen.

Wie du siehst, bin ich jetzt auch Experte in Sachen Panzerfahrzeuge. Dabei habe ich keine Ahnung, wie viele von welcher Sorte sich wo genau gegenüberstehen oder bald aufeinandertreffen werden.

Was ich jedoch weiß, ist, dass sich die ukrainische Armee derzeit nach Cherson durchkämpft. Sie befindet sich ganz in der Nähe, in Cherson Oblast, an der Grenze zur Stadt Cherson. Es ist nur eine Frage der Zeit, bis sie versuchen werden, zur Innenstadt Chersons durchzudringen. Mit dem Ziel, die ukrainische Flagge über dem Rathaus zu hissen. Den Platz der Freiheit unter ihre Kontrolle zu bringen.

Schumenskyi zu befreien.

Es steht unmittelbar bevor. Beide Seiten rüsten sich für den großen Schlagabtausch auf. Beide Seiten schmieden die letzten strategischen Pläne. Beide Seiten knobeln das letzte taktische Vorgehen aus.

Ich war auch einmal Soldat. Ich weiß, was in den Köpfen der Soldaten vorgeht. Was es zu tun gibt.

Es geht um alles oder nichts.

Nur eine Seite wird Cherson in der Hand halten.

Niemand wird bereit sein zu teilen.

Entweder Cherson wird wieder der Ukraine angeschlossen oder für immer an Russland abgetreten werden.

Und wie wird es uns ergehen? Ich habe keine Ahnung. Schließlich kennen wir Chersoner weder die Pläne der einen, noch der anderen Seite. Uns ist klar, dass niemand nachgeben wird. Es wird ein erbitterter Kampf um die Vorherrschaft meiner Stadt.

Chersons Untergang oder Sieg wird eine Auswirkung auf die gesamte Ukraine und den weiteren Verlauf der Kriegshandlungen haben. Alle Augen sind nach Cherson gerichtet. Auf der Zuschauertribüne sitzt die ganze Welt und alle schauen zu. Die Amerikaner schauen zu. Die Deutschen schauen zu. Die Polen schauen zu. Auf der gegenüberliegenden Seite schauen auch die Chinesen und Iraner aufmerksam zu.

Der nationale und internationale Machtkampf, einerseits zwischen Russland und der Ukraine und andererseits zwischen West und Ost, wird in Kürze seinen Höhepunkt in Cherson erleben.

Ein großer Zusammenstoß steht uns bevor. Olena meinte, dass die Krankenhäuser sich auf eine sehr intensive Zeit vorbereiten. Eine Zeit, die in den kommenden Tagen beginnen wird, von der aber niemand weiß, wann sie zu Ende gehen wird.

Ruslan und Vowa riefen mich an und baten mich beide, jetzt sofort alles stehen und liegen zu lassen und Cherson zu verlassen, solange dies noch möglich sei. Es gebe Wege raus aus der Stadt und dann über Umwege nach Europa.

Aber wo kämen wir hin, wenn wir Chersoner unsere Stadt verlassen würden? Das ist doch unsere Heimat. Wie viele hier liebe ich meine Stadt und kann mir kein Leben woanders vorstellen.

Ich versprach Vowa und Ruslan, hier keinen Helden zu spielen. Wenn es losgeht, werde ich mich in meiner Wohnung verbarrikadieren, sagte ich beiden, und fügte hinzu, dass ich erst wieder vor die Tür gehen würde, wenn es vorüber sei.

Komme, was kommen mag.

Siege, wer siegen wird.

3. NOVEMBER 2022
KALTER TEE UND KEINE TOILETTE

Dorogaya Annatschka,

über verschiedene Kanäle ruft Russland die Zivilbevölkerung Chersons dazu auf, die Region so schnell wie möglich zu verlassen. Man warne vor einem bevorstehenden Großangriff vonseiten der ukrainischen Armee. Erste Schüsse sollen schon gefallen sein. Das russische Militär wird das nicht unbeantwortet lassen, sondern sich auf eine groß angelegte Gegenoffensive vorbereiten.

Die Straßen sind menschenleer. Selbst der Innenhof unseres Wohnblocks ist seit Tagen unbesucht. Aus dem 6. Stock blicke ich alle paar Minuten nach unten in den Innenhof, um immer wieder enttäuscht festzustellen, dass weit und breit keine Seele zu sehen ist. Keine Kinder, die auf dem Spielplatz spielen. Keine Nachbarn, die sich auf einer der Parkbänke unterhalten.

Olena gehört zu den wenigen hier, die täglich ihrem Beruf nachgehen. Sie weiß, sie wird gebraucht. Sich verschanzen und verstecken ist keine Option für sie. Glaub mir, ich habe versucht, sie vor dem Sturm, der bald unsere Stadt verwüsten wird, zu warnen. Je mehr ich sie jedoch darauf hinweise, desto mehr fühlt sich Olena motiviert, ihre Schicht im Krankenhaus anzutreten. Sie werde gebraucht. Selbst wenn es das Letzte sei, was sie in diesem Leben machen würde, sie wolle sich nicht wegducken und aus Angst vor dem Tod anderen Menschen dem Tod überlassen. Olena will da sein für die Menschen in Not. Sie schiebt jetzt sogar Doppelschichten, da sie auch im Karabelesh-Krankenhaus aushilft.

Das finde ich ehrenhaft. Ihre Sturheit bereitet mir aber auch große Sorgen. Sie ist der letzte Mensch, der in Cherson geblieben ist und mir nahesteht. Alle anderen sind schon längst weg. Oksana Iqnatenko ist weg. Ivan Potrebenko ist weg. Ruslan ist weg. Vowa ist weg. Vowas Freundin Olha ist weg. Sie alle und viele andere haben sich woanders ein Leben aufgebaut. In Sicherheit.

Geblieben sind all diejenigen, deren Liebe und Verbundenheit zur Heimat größer ist als ihre Angst vor dem Tod. So wie unser ehemaliger Bürgermeister Ihor Kolykhaiev, von dem seit seiner Entführung kein Lebenszeichen zu vernehmen ist. Ein Mann, der höchstwahrscheinlich einen bitteren Preis für seinen Patriotismus zahlen musste.

Manchmal, wenn ich in den letzten Monaten viel Zeit nur mit mir selbst verbrachte, und das waren in den letzten Monaten mehr Stunden als jemals zuvor in meinem Leben, dann fragte ich mich, ob ich vielleicht einen Fehler begangen habe, indem ich geblieben bin.

Wenn all meine Liebsten das Land verlassen, nicht weil sie das Land nicht lieben, sondern weil sie überleben wollen, und ich zurückbleibe, dann liegen doch sicherlich nicht sie falsch, sondern ich. So als wenn auf der Autobahn 90 von 100 Fahrern in eine Richtung fahren und ganz wenige, darunter ich, sich weigern, sich der Masse anzuschließen, und stattdessen mit voller Absicht in die entgegengesetzte Richtung fahren.

Wären all diejenigen, die sich entschieden haben, Cherson nicht zu verlassen, auch geblieben, wenn uns in den ersten Tagen nach Ausbruch des Krieges und der darauffolgenden Besatzung der Strom abgeschaltet, und der Wasserhahn abgedreht worden wären?

Genau das ist jetzt nämlich der Fall in Cherson.

Wir haben keinen Strom. Wir haben kein Leitungswasser. Ich kann mir keinen warmen Tee mehr machen, wenn mir kalt ist. Ich kann nicht mehr duschen. Nicht einmal die Toilette kann ich seit gestern Vormittag spülen. Das sind unmenschliche Bedingungen, unter denen es sich nicht über einen längeren Zeitraum leben lässt.

Solange der Lichtschalter und die Toilettenspülung funktionierten und es Brot und Wasser zu kaufen gab, waren unsere Lebensbedingungen erträglich. Sieh es einmal so, Tiere im Dschungel haben all das nicht. Doch jetzt wurde uns auch das genommen und ich frage mich allen Ernstes, worin unterscheidet sich unsere Realität vom Leben im Dschungel?

Patriotismus hin oder her, wäre der Lichtschalter von Anfang an aus gewesen, dann würden nicht »nur« 90, sondern 99 Autofahrer auf der Autobahn in die eine Richtung fahren. Wahrscheinlich hätte ich mich ihnen angeschlossen.

Doch wäre und hätte hilft jetzt nicht. Ich frage mich, wie lange lässt es sich leben, ohne zu duschen und ohne in der Lage zu sein, die Toilette zu spülen? In den 73 Jahren meines Lebens habe ich viele herausfordernde Situationen erlebt, aber glücklicherweise nicht ein einziges Mal, wie es ist, mit Toilettengestank zurechtkommen zu müssen.

Haben die Russen die Leitungen stillgelegt, um das Eindringen der ukrainischen Armee nach Cherson zu erschweren und die Bevölkerung zum Verlassen der Stadt zu drängen? Oder waren es die Ukrainer, mit dem Ziel, Panik unter den russischen Besatzern zu verbreiten und sie zum Rückzug zu bringen?

In jedem Fall sind wir wieder der Spielball.

So fühle ich mich gerade. Kannst du mir folgen?

Ich stehe vor einem mentalen Zusammenbruch.

5. NOVEMBER 2022
SCHÜSSE AUF DAS KARABELESH-KRANKENHAUS

Dorogaya Annatschka,

Olena wird nicht mehr zurückkommen. Ich werde sie nie wieder sehen. Sie hat mit dem Feuer gespielt und das Feuer hat ihr das Leben genommen.

Sie war eine tapfere Frau und eine gute Ärztin. Ihr war das Wohl ihrer Patienten wichtiger als ihre eigene Gesundheit. Ihre eigene Sicherheit. Ihr eigenes Leben.

Niemand weiß das besser als ich. Niemand hat sie dafür mehr respektiert als ich.

Das Karabelesh-Krankenhaus, in dem sie in letzter Zeit auch gearbeitet hat, wurde heute von den Russen bombardiert. Dabei wurden Teile des Krankenhauses stark demoliert. Ganze Abteilungen brannten aus. Über 500 Fenster explodierten. Krankenhauspersonal und Patienten haben das Leben verloren. Dutzende Tote. Unter ihnen Olena.

Eine Tragödie. Für die Stadt und für mich persönlich. War sie doch mein letzter Halt in der Heimat.

Der Angriff auf das Krankenhaus ist ein eindeutiges Kriegsverbrechen. Die russischen Truppen haben das Krankenhaus nicht bombardiert, weil es eine Gefahr für sie darstellte, sondern ausschließlich mit dem Ziel, es Menschen in Cherson nach ihrem Rückzug schwerer zu machen, behandelt zu werden. Behandelt zu werden, nachdem sie bombardiert und verletzt wurden und dringende ärztliche Versorgung benötigen, um zu überleben.

Kollektivbestrafung!

Denn genau das scheint der Plan der Russen zu sein.

In einer Nacht- und Nebel-Aktion haben sie zuallererst vollkommen überraschend all ihre Soldaten und Beamten auf die andere Uferseite des Dnipro-Flusses gebracht. Sich sozusagen ohne Ankündigung zurückgezogen. Um dann von dort aus auf die Innenstadt und zentrale Institutionen Chersons zu schießen und der Stadt großen Schaden zuzufügen.

Mir scheint, sie haben ihre Strategie geändert. Bis vor Kurzem hätte niemand sich vorstellen können, dass die Russen sich von heute auf morgen zurückziehen und die Stadt ohne Gefecht den ukrainischen Truppen überlassen werden. Im Gegenteil, alles deutete darauf hin, dass sie immer mehr Panzerfahrzeuge und Soldaten aus der Krim nach Cherson einziehen, um den bevorstehenden Angriff der Ukrainer abzuwehren und die Stadt zu halten.

So wie es aussieht, haben die Russen das Vorgehen der Ukrainer intensiv beobachtet und analysiert. Sie haben verstanden, dass die Ukrainer fest entschlossen sind, Cherson zurückzuerobern. Dann haben sie sich wahrscheinlich gefragt, ob sie die Ukrainer vor oder inmitten der Stadt bekämpfen sollten. Und haben sich dann entschlossen, den Ukrainern das Gefühl zu geben, dass es innerhalb Chersons nur so von russischen Truppen wimmelt. Die Ukrainer sollten also mit massiven Einsatzkräften einrücken mit der Absicht, den Kampf für sich zu entscheiden, aber dann vor Ort keinen Feind vorfinden, denn der hat sein Lager auf der gegenüberliegenden Uferseite aufgeschlagen und jetzt alle ukrainischen Truppen, die massenweise in die Stadt geströmt sind, im Visier.

Man könnte sagen, die Ukrainer hatten einerseits ein leichtes Spiel und haben Cherson ohne Gewalt und Verluste zurückerobern können.

Andererseits sitzen sie jetzt in der Falle.

Wir sitzen in der Falle.

Ich sitze in der Falle!

Die russische Strategie könnte nämlich sein, uns das Leben so unerträglich wie möglich zu machen. Unser Leben regelrecht zu zerstören. Nach dem Motto: Was ich nicht für mich haben kann, soll auch kein anderer bekommen. Wenn sie Cherson nicht beherrschen können, dann sollen es auch die Ukrainer nicht.

Von der anderen Seite des Ufers werden wir und die gesamte Stadt jetzt beschossen. Pausenlos.

Karabelescha war erst der Anfang.

Olena war erst der Anfang.

Für mich ist es das Ende.

6. NOVEMBER 2022
WARUM SCHWEIGT GOTT WIEDER?

Dorogaya Annatschka,

es ist mitten in der Nacht. Ich kann kein Auge zumachen. Ich fühle mich so alleine. So verdammt hilflos.

In der Ferne höre ich Schüsse. Einschläge. Geschrei!

Drehe ich durch? Ich weiß es nicht. Vielleicht bilde ich mir das alles nur ein? Vielleicht höre ich, weil ich hören will? Vielleicht höre ich, weil ich schon längst verstanden habe, dass ich weg muss? Mein Leben retten muss, bevor es endgültig zu spät sein wird.

Olena wollte da sein für die Menschen hier. Sie hat niemandem etwas Böses getan. Es ist einfach nicht gerecht, dass ihr das Leben genommen wurde.

Wo bleibt die Gerechtigkeit? Warum schweigt Gott?

Gibt es Gerechtigkeit? Gibt es einen Gott?

Das letzte Mal, als ich mir immer wieder dieselben Fragen gestellt habe, war ich ein kleiner Junge. In den 1950er-Jahren. Im Anschluss an den Zweiten Weltkrieg, den Holocaust und die Erzählungen meiner Eltern. Später kamen dann noch die Geschichten deines Großvaters Mikhail aus seiner Zeit vor, während und nach Stalingrad hinzu.

Nichts machte damals Sinn für mich.

Wie konnte so viel Unheil über die Menschheit hereinbrechen?

Wie konnten so viele Millionen Menschen in Vernichtungslagern und auf Schlachtfeldern getötet werden? Und wofür? Nie erhielt ich eine plausible Antwort. Nichts machte Sinn. Dabei wollte ich nur verstehen. Die Welt und uns Menschen.

Ich weiß nicht, wie oft ich mich in meiner Einsamkeit fragte, warum Gott den Holocaust zugelassen hat. Wie konnte er von oben hinunterschauen und schweigen, während viele Millionen Menschen aufgrund ihrer religiösen oder ethnischen Identität vergast wurden?

Kinder wurden mit voller Absicht ermordet. Wie war das nur möglich? Wie kann man es über das Herz bringen, unschuldige Kinder zu töten? In was für einer schrecklichen Welt haben deine Großeltern und ihre Eltern nur gelebt? Meine Vorstellungskraft reicht nicht aus, nicht einmal annähernd, um jene Jahre auch nur bruchweise verstehen zu können.

Ich bin müde. Erschöpft. Verwirrt.

7. NOVEMBER 2022
73 JAHRE FÜR DIE KATZ

Dorogaya Annatschka,

meine Eltern haben mir von klein auf beigebracht, dass Fleiß sich eines Tages auszahlen wird. »Ohne Fleiß kein Preis«, bekam ich fast täglich eingetrichtert. Ich sollte mir sicher sein, dass die Welt sich verändert und ich nichts zu befürchten habe. Alles was ich mir aufbauen würde, würde meins sein und nur meins. Mir und nur mir gehören.

Heute weiß ich, meine Eltern lagen falsch.

Sie haben mich angelogen.

Mit voller Absicht.

Denn sie wussten es besser.

Als Kinder von Holocaust-Überlebenden wussten sie haargenau, wie schnell einem alles, was man sich sein ganzes Leben aufgebaut hat, weggenommen werden kann. Ärzte, Anwälte, Künstler, Schulleiter, Musiker, Geschäftsmänner, ihnen wurde unter den Nazis alles weggenommen, wenn sie Juden waren. Gestern waren sie noch angesehene Bürger und Nachbarn. Gestern war der eine oder die andere von ihnen wohlhabend. Fleiß hatte sich allem Anschein nach ausgezahlt, trotzdem mussten sie eines Tages feststellen, dass einem alles weggenommen werden kann. Plötzlich standen sie mit nichts da.

Nicht einmal ihre Würde wurde ihnen gelassen.

Meine Eltern, deine Großeltern, waren geprägt von der Zeit des Zweiten Weltkrieges. Sie sind nie darüber hinweggekommen. Sie haben den Tiefpunkt in der Geschichte der Menschheit miterleben müssen. Und sie fassten einen Entschluss: Ich sollte optimistisch aufwachsen und den Blick nach vorne richten.

Der Blick nach hinten würde nur schaden.

Der Blick nach hinten könnte mir Angst machen.

Angst, dass mir alles, was ich mir mit viel Mühe erarbeiten werde, eventuell einmal weggenommen werden könnte.

So wie viele andere Kinder von Holocaust-Überlebenden bin ich in Armut aufgewachsen. Arm, aber glücklich. Wir hatten zwar wenig, aber es hat gereicht, um dankbar und zufrieden zu sein. Mir war als kleiner Junge bewusst, dass das bisschen, was ich hatte, mehr war als das, was meine Eltern hatten, als sie auf der Flucht vor den Nazis waren. Sie hatten alles stehen und liegen lassen, um ihr Leben zu retten. Alles haben sie verloren und mussten nach dem Weltkrieg noch einmal von vorne anfangen.

Mein ganzes Leben habe ich gearbeitet. Schwer gearbeitet. Um meiner Familie Sicherheit zu geben. Um mich sicher zu fühlen. Habe meine kleine Wohnung. Ein Auto. Möbel. Ein Klavier.

Habe mir eine Existenz aufgebaut. Eine Villa im Dschungel. Fühlte mich auf der sicheren Seite des Lebens.

Zum ersten Mal in meinem 73-jährigen Leben habe ich heute das Gefühl, dass ich alles, wirklich alles, was ich habe, verlieren werde.

8. NOVEMBER 2022
AUF DER FLUCHT

Dorogaya Annatschka,

deine Tränen waren es, die mir gestern Abend über das Telefon das Leben zur Hölle gemacht haben.

Mit allem bin ich bis jetzt zurechtgekommen. Mit der täglichen Angst, tagelangem Hunger und Durst, Stromausfällen und keinem fließendem Wasser, der Ungewissheit und der tiefen Depression, selbst dem Toilettengestank. Man gewöhnt sich an alles. Selbst daran.

Aber dass meine Tochter mich anfleht, meine Heimat zu verlassen, weil sie Angst um mein Leben hat, das hat mich fertiggemacht.

Ich konnte kein Auge zudrücken und habe die ganze Nacht laut mit mir selbst diskutiert. Was soll ich machen? Wie soll es weitergehen? Werde ich überleben? Kann ich das Risiko eingehen, in Cherson zu bleiben und, falls es schieflaufen sollte, meine Tochter für immer unglücklich zu machen?

Ich musste mich entscheiden.

Ich habe alles stehen und liegen lassen. Alles, was ich mir im Leben erarbeitet habe. Selbst von unseren Familienalben und deinem

Portrait über dem Klavier im Wohnzimmer musste ich mich trennen. Schnell habe ich meinen Pass und das letzte bisschen Geld, das ich noch gebunkert hatte, eingepackt und bin heute früh mit der Marschrutka Richtung Koshevaya-Fluss gefahren. Man sagte mir, dass man von dort mit dem Boot auf die östliche Seite des Dnipro-Flusses gelangen kann. Auf der anderen Seite des Flusses, da wo offensichtlich die Russen sich positioniert haben, soll es einen Bus geben, mit dem man zur Krim weiterfahren kann.

Ich sah keine andere Fluchtmöglichkeit.

Es gab nur einen Weg raus, der nicht völlig sicher, aber eventuell etwas sicherer ist. Es ist derselbe Weg, den deine Tante Tatyana vor etwa einem halben Jahr auch nahm, über die Krim nach Russland rein, von dort aus weiter nach Georgien und aus Tbilisi dann mit dem Flugzeug nach Israel.

Jetzt sitze ich mit drei anderen Flüchtlingen aus Cherson auf einem kleinen Boot und schreibe dir, wieder, ohne Gewissheit, dass es ein Morgen für mich geben wird.

Ich habe die Reise angetreten in der Hoffnung, dass ich sie lebend überstehen werde und wir uns schon bald in den Armen liegen werden.

Sodass du nie wieder wegen mir weinen musst.

15. NOVEMBER 2022
ENDLICH IN SICHERHEIT

Dorogaya Annatschka,

dies sind voraussichtlich die letzten Zeilen, die ich dir schreiben werde, denn ich werde in Kürze in Tel Aviv landen. In wenigen Minuten werde ich aus dem Flugzeug steigen und ein neues Leben beginnen.

Bei dir, in Sicherheit.

Monate der Verzweiflung, doch auch der Hoffnung auf bessere Zeiten für Cherson habe ich hinter mir gelassen. Habe Hoffnungen begraben.

Eine ganze Woche hat meine Reise aus Schumenskyi nach Israel gedauert. Ich bin auf ein kleines Boot gestiegen, ohne mir sicher sein zu können, dass es mich heil ans andere Ufer befördern wird. Unzählige Kilometer bin ich zu Fuß gelaufen, ohne ein klares Ziel vor Augen zu haben. Bin auf dem Land Menschen mit einem großen Herzen begegnet. Sie haben mich ihre Toilette benutzen lassen. Sie haben mir eine warme Suppe auf den Tisch gestellt. Sie haben mich bei ihnen schlafen lassen. Um dann gestärkt weiterlaufen zu können, bis ich an eine Bushaltestelle gelangte. Stundenlang habe ich auf Busse gewartet. Bin in Busse gestiegen, mit der

Frage, ob ich an einen Checkpoint geraten, gefasst und hingerichtet werde. Hatte schreckliche Angst, dass der Bus angehalten werden wird. Dass ich rausgezogen werde. Dass meine Reise zu Ende gehen wird, bevor ich dich wiedersehe. Dass meine Briefe verloren gehen und du nie wissen wirst, wie es mir in diesem Jahr wirklich erging.

Erst als ich in Georgien war, wusste ich, es ist überstanden.

Eine ganze Woche hat so lange gedauert wie ein ganzes Leben. Wenn du nicht weißt, ob du etwas überleben wirst, dann bist du mit den Gedanken tief in deiner Vergangenheit versunken. Ich habe meine Eltern gesehen. Du warst auch da. Du warst ein kleines Mädchen. Wir waren alle zusammen. Wir waren glücklich.

Cherson war unsere Heimat. Der Krieg war schon lange vorbei. Es wird nie wieder Krieg geben, so sagten deine Großeltern.

Spätestens seit meiner Flucht vor einer Woche bin ich davon überzeugt, dass Cherson im Kriegszustand bleiben wird und keine Seite, weder die ukrainische noch die russische, die Stadt verlassen werden.

Ich glaube zumindest nicht mehr daran, dass ich jemals wieder ein vollständig freies und friedliches Cherson erleben, geschweige denn dort jemals wieder leben werde.

Was mir bleibt, sind 73 lange Jahre voller Erinnerungen.

Denn die kann mir niemand, nicht einmal Putin, nehmen!

24. FEBRUAR 2023
WAS HILFT DAS ÜBERLEBEN, WENN DEINE SEELE STIRBT?

Dorogaya Annatschka,

seit knapp vier Monaten lebe ich nun bei dir und deiner Familie. Mit der Zeit wirkt das halbe Zimmer, dass ihr für mich hergerichtet habt und in dem ich bei euch leben darf, fast wie meine eigene Vierzimmerwohnung in Cherson. Ich nehme an, man kann sich einfach an alles im Leben gewöhnen. Auch an viel schlechtere Umstände, wenn es keine andere Wahl gibt.

Schließlich zählt in erster Linie, dass man lebt, beziehungsweise überlebt.

So dachte ich zumindest, bis vor Kurzem.

Doch mit der Zeit und dem Abstand zu meinem Geburtsort und den letzten hinterbliebenen Freunden und Bekannten dort, meinen Nachbarn Alona und Boris aus dem 1. Stock, Ira und Sascha aus dem Nachbarhaus, Masha Schevchenko, Ludmila und Pascha, tut es täglich immer mehr weh.

Ich habe sie dort zurückgelassen. Im Krieg. Mich gerettet, aber sie ihrem Schicksal überlassen. Ich mache mir unheimliche

Vorwürfe, obwohl ich weiß, dass ich keine Verantwortung für sie trage.

Bis vor wenigen Monaten kannte ich sie auch kaum. Doch das gemeinsame Leben und Überleben im Krieg und unter der russischen Besatzung hat uns zusammengeschweißt. In nur wenigen Monaten habe ich mich mit ihnen stärker verbunden gefühlt als mit manchen Freunden, die ich über Jahre hinweg gekannt habe.

Ich fühle mich verloren.

Bin nicht wirklich hier in Israel angekommen und habe gleichzeitig nie wirklich Cherson verlassen. Mein Körper ist in Israel. Meinen Kopf und meine Seele habe ich in Cherson zurückgelassen.

Zwei Monate im neuen Jahr und genau ein Jahr nach Ausbruch des Krieges und Cherson ist nach wie vor einer der zentralen Kriegsschauplätze der Ukraine.

Täglich wird Cherson bombardiert. Russische Raketen schlagen pausenlos in Cherson ein. Abgeschossen vom gegenüberliegenden Ufer des Dnipro, wo die Russen seit November ihre Zelte aufgeschlagen haben. So stehen sich russische und ukrainische Truppen gegenüber. Die Frontlinie stellt seit November der Dnipro dar. Die einen auf der einen Seite. Die anderen auf der anderen Seite. Wie lange soll das so weitergehen? Selbst in Schumenskyi landen Bomben und ganze Häuser werden zerstört.

Der Alptraum geht weiter. Er hat nie aufgehört. Er hat nur eine neue Form angenommen. Die bislang tödlichste Form. Ich nehme mittlerweile an, dass es nur eine Frage der Zeit ist, bis auch mein Wohnblock bombardiert werden wird. Nur eine Frage der Zeit, bis jedes Haus in Cherson demoliert werden wird. Ich weitere Freunde und Bekannte verlieren werde.

In den letzten Tagen werden im israelischen Fernsehen vermehrt Reportagen über die Situation in der Ukraine gezeigt.

Schwerpunkte sind vor allem die Stadt Bakhmut, der Donbass und meine Heimatstadt Cherson. Es fühlt sich seltsam an, Cherson im Fernsehen zu sehen, und das auch noch in einer Sendung, in der auf einer mir nicht verständlichen Sprache gesprochen wird, statt selbst vor Ort zu sein.

Vowa und Ruslan machen sicherlich dasselbe durch, wenn im deutschen Fernsehen Reportagen über Cherson und die Ukraine laufen.

Doch ich bleibe optimistisch. Muss optimistisch bleiben. Der Blick nach vorne gerichtet. Das wäre es, was deine Großeltern von mir erwartet hätten. So haben sie mich erzogen.

Ich bin froh, dass sie all das nicht mehr miterleben müssen.

Wer weiß, vielleicht wird es doch noch positive Überraschungen geben und Cherson wird sich irgendwann wieder zu vergangener Größe und Freude entwickeln.

Mein Leben würde ich nämlich genau dort fortsetzen und zu Ende bringen wollen, wo ich es begann – in meiner geliebten Heimat Cherson.

ANMERKUNGEN

1 Bis auf die Namen von offiziellen Persönlichkeiten sind alle Namen im Buch geändert.
2 Anm. d. Red.: Ukrainisch für: Liebes Annalein
3 Anm. d. Red.: Bezirk in Cherson
4 Anm. d. Red.: Ukrainisch für: Es lebe die Ukraine!
5 Anm. d. Red.: Region im Osten der Ukraine
6 Anm. d. Red.: Grenzpolizei
7 Anm. d. Red.: auch: Serenivyi-Park
8 Anm. d. Red.: Ukrainische Supermarktketten
9 Anm. d. Red.: Region um die Stadt Cherson herum
10 Ramsan Kadyrow: seit 2007 Präsident von Tschetschenien, einer autonomen Teilrepublik in Russland
11 Anm. d. Red.: Kleinbus-Sammeltaxi
12 Anm. d. Red.: Buchweizen
13 Anm. d. Red.: Oberleitungsbus
14 Anm. d. Red.: Russisches Neujahrsfest
15 Anm. d. Red.: auf Deutsch: Bär

Zeitfracht Medien GmbH
Ferdinand-Jühlke-Straße 7
99095 Erfurt, Deutschland
produktsicherheit@kolibri360.de

Druck:
CPI Druckdienstleistungen GmbH
im Auftrag der
Zeitfracht Medien GmbH
Ein Unternehmen der Zeitfracht - Gruppe
Ferdinand-Jühlke-Str. 7
99095 Erfurt